林真如——著

俄 羅 斯 文 壇 巨 星
崇 尚 愛 與 和 平 的

托 爾 斯 泰

Лев
Николаевич
Толстой

「所謂人生，是一刻不停變化著的。
就是肉體生命的衰弱和靈魂生命的強大。」
——托爾斯泰

不認識托爾斯泰者，就不可能認識俄羅斯
一本關於俄羅斯史上最偉大作家的生平故事

俄羅斯文壇巨星
崇尚愛與和平的托爾斯泰

目錄

俄羅斯文壇巨星
崇尚愛與和平的托爾斯泰

前言

　　歷史發展的每一個時代，都有值得我們追隨的人，都有激勵我們奮進的力量。這些曾經創造歷史、影響時代的人物，或以其深邃的思想推動了世界文明的進步，或以其叱吒風雲的政治生涯影響了歷史的進程，或以其在自然科學領域中的巨大成就造福於全人類……

　　因為有了他們，歷史的車輪才會不斷前行；因為有了他們，歷史的內容才會愈加精彩。他們已經成為歷史長河的風向標，引領著我們人類走向更加深邃的精神世界和更加精彩的物質世界。今天，當我們站在一個新的紀元回眸過去的時候，我們不能不提起他們的名字，因為是他們改變了世界，改變了人類社會的發展格局。了解他們的生平、經歷、思想、智慧，以及他們的人格魅力，也必然會對我們的人生產生重大的影響。

　　為了能夠了解並記住這些為人類歷史發展做出過巨大貢獻的人物，經過長時間的遴選，我們精選出了六十位最具時代性、最具影響力、最具代表性的人物，編寫成為這套系列叢書，其宗旨是：期望透過這套傳記形式的叢書，對讀者的成長產生潛移默化的影響，能夠從

俄羅斯文壇巨星
崇尚愛與和平的托爾斯泰

中吸取到有益的精神元素，立志成才，為社會作出自己的貢獻。

本套叢書寫作角度新穎，它不是簡單堆砌有關名人的材料，而是精選了他們一生當中一些富有代表性的事件和故事，以點帶面，從而折射出他們充滿傳奇的人生經歷和各具特點的鮮明個性。透過閱讀這套叢書，我們不僅要了解他們的生活經歷，更重要的是了解他們的奮鬥歷程，以及學習他們在面對困難、失敗和挫折中所表現出來的傑出品質。

此外，書中還穿插了許多與這些著名人物相關的小知識、小故事等。這些內容語言簡潔，可讀性強，既能令版面豐富靈活，又能開闊閱讀視野，同時還可作為讀者學習中的寫作素材。

我們相信，這一定是一套能令讀者喜愛的傳記叢書。透過閱讀本套叢書，我們也能夠真切了解到這些人物對一個、乃至幾個時代所產生的重大影響。

就讓我們一起翻開這些傑出人士的人生故事，走進他們生活的時代，洞悉他們的內心世界，就好像與這些先賢們促膝談心一般，讓他們激勵我們永遠奮進，促使我們洞察人生，鼓舞我們磨練心志，走向成功！

故事導讀

　　列夫·尼古拉耶維奇·托爾斯泰（西元一八二八到一九一〇年），十九世紀俄國最偉大的作家，享譽世界的文壇巨匠，俄國文壇的最傑出代表。高爾基曾說：「不認識托爾斯泰者，就不可能認識俄羅斯。」在文學創作和社會活動中，托爾斯泰還提出了「托爾斯泰主義」，對很多政治運動產生了深刻的影響。

　　一八二八年，托爾斯泰出生於俄國莫斯科的一個貴族家庭中。一八四〇年進入喀山大學，受到盧梭、孟德斯鳩等啟蒙思想家的影響。一八四七年退學返回故鄉，在自己的莊園中做改革農奴制的嘗試。此後，他又在高加索軍隊中服役，並開始接觸寫作。幾年的軍旅生活不僅讓他看到了上流社會的腐化，還為他以後創作巨著《戰爭與和平》奠定了堅實的基礎。

　　一八五五年，托爾斯泰正式踏入文學界，此後陸續出版了《童年》、《少年》、《一個地主的早晨》、《琉森》、《三死》、《家庭幸福》等作品，並透過這些作品深刻揭露俄國社會的黑暗和沙皇的專制統治。

俄羅斯文壇巨星
崇尚愛與和平的托爾斯泰

　　一八六三年，托爾斯泰開始創作長篇歷史小說《戰爭與和平》，這也是他創作歷程中的第一個里程碑。經過近七年的艱辛努力，一八六九年，這篇對世界文學產生深刻影響的歷史巨著終於完成，並受到了世界的矚目。小說結構宏大，人物眾多，典型形象鮮活飽滿，是一部具有史詩和編年史特色的鴻篇巨作。著名作家羅曼·羅蘭稱這部小說為「我們時代最偉大的史詩，是現代的《伊利亞德》」。

　　西元一八七三到一八七七年，經過十二次修改，托爾斯泰又完成了他的第二部里程碑式巨著《安娜·卡列尼娜》，同樣受到世界性的讚譽，被譽為「藝術之神」。

　　一八七〇年代末，托爾斯泰的世界觀發生了巨變，寫成了《懺悔錄》等作品。八〇年代，他又創作了《黑暗的勢力》、《教育的果實》、《伊凡·伊里奇之死》、《克羅采奏鳴曲》、《哈吉·穆拉特》、《舞會之後》等影響後世的著名作品。尤其是西元一八八九年到一八九九年創作的長篇小說《復活》，更是成為托爾斯泰長期以來思想與藝術探索的總結，也成為對俄國社會批判最全面深刻、最有力的一部著作，是世界文學不朽的名著之一。

　　晚年時期的托爾斯泰，擯棄了財富和名利，追逐簡樸的平民生活。一九一〇年十月二十八日，托爾斯泰離家出走。十一月七日，一代文學巨匠病逝於一個小車站內，享年八十二歲。

第一章 被愛包圍的童年

正確的道路是這樣：吸取你的前輩所做的一切，然後再往前走。

——托爾斯泰

俄羅斯文壇巨星
崇尚愛與和平的托爾斯泰

（一）

在一八二八年八月二十八日，一個秋高氣爽的日子，列夫·托爾斯泰出生在俄國莫斯科亞斯納亞波利亞納莊園的一幢白色圓頂的樓房中。

亞斯納亞·波利亞納位於莫斯科以南兩百公里處的圖拉省克拉皮文縣的丘陵地帶。在莊園的入口處，有兩座白色的崗樓，據說當年曾有農奴在這裡守衛。從崗樓中，可以看到莊園外面的那條白樺夾道的寬闊通衢大道，路上終日都有過往的馬車、趕路的農民和跋涉的朝聖者等。

在莊園裡面，到處都是樹木掩映的林蔭道和綠草地，還有清澈的池塘、美麗的花壇和氣派的宅邸。毗鄰莊園的是綿延不斷的札謝卡森林、蜿蜒曲折的奧朗卡河以及開闊的田野、草原和散落其間的農民村舍。

在這座莊園當中，托爾斯泰度過了他一生中的大部分時光。

托爾斯泰的家族是當地的貴族世家。他的曾祖父彼得·安德列耶維奇·托爾斯泰在彼得大帝時代身居要職，曾出任俄國駐土耳其大使、國務大臣和樞密院首腦，並被沙皇封為世襲伯爵。

彼得大帝死後，彼得·安德列耶維奇·托爾斯泰因宮廷內部的爭鬥而失寵。在八十二歲那年，他被放逐到偏僻的索洛維茨修道院。兩年後，彼得·安德列耶維奇·托爾斯泰在修道院中去世。

托爾斯泰的祖父伊利亞·安德列耶維奇·托爾斯泰早年曾在部隊中供

職，後來退居鄉間，是個典型的俄國上層貴族。他生活奢侈，常常揮霍無度，但又樂善好施，不諳經濟事務，以致入不敷出，負債累累。晚年時，他在喀山省省長任上因下屬貪贓枉法而受到牽連，被免職後不久便離開了人世。

後來，托爾斯泰在小說《戰爭與和平》中曾以祖父為原型，塑造了羅斯托夫伯爵這樣一個出色的藝術形象，表達了對祖父的懷念。

托爾斯泰的父親尼古拉·伊里奇·托爾斯泰早年也曾從軍入伍，還參加過一八一二年抵抗拿破崙入侵的衛國戰爭。七年後，他回到故鄉。

在父親去世後，尼古拉放棄了資不抵債的遺產繼承權，只保留了一處莊園。為擺脫經濟困境，在二十八歲那年，尼古拉向一位年長他四歲的富有的公爵小姐瑪莉亞·尼古拉耶夫娜·沃爾康斯卡婭求婚，並被對方所接受。

瑪莉亞公爵小姐同樣出身名門，與普希金家族具有血緣關係。著名詩人普希金的曾祖母與瑪莉亞的曾祖母是親姐妹，而姐妹兩人的父親則是彼得大帝的戰友加洛文。

瑪莉亞的父親尼古拉·謝爾蓋耶維奇·沃爾康斯基公爵是俄國歷史上第一位統治者留里克的後裔。他曾擔任過女皇葉卡捷琳娜二世的侍從武官、俄國駐柏林大使和阿爾漢格爾斯克總督，獲上將軍銜。

此後，他辭去職務，隱居到亞斯納亞·波利亞納，致力於莊園的擴建和對獨生女瑪莉亞的培養。

托爾斯泰十分敬重他這位外祖父。他曾這樣談到外祖父：

俄羅斯文壇巨星
崇尚愛與和平的托爾斯泰

「人家都將他看做是一個非常嚴厲的主人，可我從來沒有聽說過他殘暴，或者施用當時很普通的嚴厲的刑罰之事。我相信，這種事在他的莊園中一定有過，可是僕人和農民對他都是極其尊敬，以致我常常向他們問起他時，他們雖然有時說我父親的壞話，但對我的外祖父，他們全都一致頌揚，說他聰明，又會辦事，對農民的福利，正如對他那龐大的家庭的福利一樣關心。」

（二）

一八二二年，尼古拉·伊里奇·托爾斯泰與瑪莉亞·尼古拉耶夫娜·沃爾康斯卡婭結婚了。而亞斯納亞·波利亞納莊園就是女方的陪嫁。

雖然瑪莉亞比尼古拉大四歲，但婚後兩人十分恩愛，生活也很和諧。他們一生共生育了五個孩子，前面四個都是男孩，分別是尼古拉、謝爾蓋、德里特里和列夫。其中，一八二八年出生的列夫是最小的兒子，他的全名是列夫尼古拉耶維奇托爾斯泰。在出生時，他有網膜——這在俄羅斯聯邦是被看做好遠的徵兆。

瑪莉亞在生下四個男孩後，一直想要個女孩。一八三〇年三月七日，她終於如願以償，女兒瑪莎誕生了。但是，由於產後身體過度虛弱，瑪莉亞在健康狀況迅速惡化。在女兒出世五個月後，瑪莉亞便與世長辭了。這一年，托爾斯泰只有一歲零八個月。

在托爾斯泰的記憶中，父親給他留下了深刻的印象：中等身材，性格溫和，頗具幽默感；他還酷愛讀書，涉獵廣泛，平時除了經營家業、教育孩子和外出打獵外，總是手不釋卷。因此，托爾斯泰認為他的父親「是那個時代中一個有教養的人」。

對於母親，托爾斯泰是懷著最真摯的感情的。雖然因母親過早離世，托爾斯泰根本記不清母親的樣子，但留在他心目中的卻永遠都是母親美好的形象。後來他在回憶母親時說：

「我所知道的關於她的一切都是那麼美好。我想，這不僅僅是因

為一切向我談到我母親的人都只說她的好話，而是因為她實在是很好。」

由於出身名門，又是獨生女，瑪莉亞自幼就受過良好的教育，會說法、德、英、意等多種語言，還能彈琴、繪畫和寫詩，口才也非常好。她經常編各種各樣有趣的故事給孩子們聽，努力在孩子們身上培養良好的品質，還細心記下他們的成長日記。

有人說，托爾斯泰最像他的母親，但托爾斯泰認為還是大哥尼古拉最像母親。在瑪莉亞去世時，尼古拉只有六歲。但從瑪莉亞留下的信件看來，尼古拉似乎繼承了母親的許多天性。

尼古拉與瑪莉亞在個性上最相像的地方，就是善於將自己所具有的智慧、學識和道德等優越感都隱藏起來。簡單說，他們都是非常謙遜的人。當然，這些都是托爾斯泰的幻想。

托爾斯泰一生都在幻想著他的母親。在他的小說《童年》中，他曾這樣描述過他的母親：

當我幻想我母親的容貌時，浮現在我心頭的，常常是她那永久不變、溫柔的臉龐，漂亮的褐色眼睛，短短捲髮下的一顆痣，還有那漂亮刺繡的白領子，潔淨、纖細、小巧的手。我常會去親吻、撫摸它們。

對於托爾斯泰來說，母親並沒有死去，她就活在他的身旁，並幫助他。他是如此相信，永久相信。

一九○六年，七十八歲的托爾斯泰在他六月十日的日記中還這樣寫道：

第一章 被愛包圍的童年
（二）

　　今天早上，我在花園中像往常一樣走動著，想念母親了，想我那一點印象也沒有的「好媽媽」了。在我的心中，她是聖潔的偶像，我從來沒聽見有誰講她的壞話。

　　我沿著白樺林的路走著，走近榛樹叢中，看到一個女人在泥濘中的腳印，我又想起了她，想起她的血肉之軀。想像一下她的血肉之軀都令我感到不舒服。任何血肉之軀的想像都會玷汙她的形象。我對她，抱有怎樣聖潔的感情啊！

（三）

與俄國許多作家，如屠格涅夫、涅克拉索夫和杜斯妥也夫斯基的灰色童年相比，托爾斯泰的童年生活環境是充滿溫馨與和諧的。雖然母親過早離世，但他從塔基亞娜·阿列克山德羅夫娜·葉戈爾斯卡婭姑媽和其他關心他、愛護他的人那裡得到了母愛的補償。

塔基亞娜姑媽是托爾斯泰家的遠親。她幼年時便失去父母，此後一直寄養在托爾斯泰家中，並由托爾斯泰的祖父母將其養大成人。

少女時代的塔基亞娜不僅長得美麗，還心地善良，而那雙像瑪瑙一般又黑又亮的眼睛裡更是透出機靈和智慧。她深深愛著與自己同齡的尼古拉·伊里奇。

但是，塔基亞娜又很清楚，像自己這樣寄人籬下、沒有任何家產的孤女是不可能與尼古拉發展成為婚姻關係的。這讓她感到很痛苦。

後來，塔基亞娜終生未嫁。當托爾斯泰的母親瑪莉亞去世後，她就負擔起照顧孩子們的重任。在瑪莉亞去世六年後，尼古拉伯爵曾向她求婚，並請求她做孩子們的母親，但她不願破壞自己與尼古拉及孩子們之間長期形成的那種純潔、富有詩意的關心。因此，她拒絕了尼古拉的求婚。

但是，在以後的歲月中，塔基亞娜一直留在波利亞納，將自己對尼古拉的愛全部傾注到他的孩子們身上，尤其是列夫托爾斯泰的身上，對他們充滿了慈母一般的關懷。

後來，托爾斯泰曾一再滿懷深情談到自己這位遠房的姑媽，稱她是一位「堅定、果敢、精力充沛而又富有自我犧牲精神」，「具有崇高的道德品質」。而且他還認為：

「姑媽對我一生的影響最大。當我還是個孩子的時候，她就教會我從精神上領略愛的滋味。她不是用言語教會我這種快樂，而是用她的實際行動，用愛來感染我。我看到，我感覺到，知道她能以愛別人而感到幸福，於是我也懂得了愛的幸福。」

托爾斯泰還記得，在他五歲的時候，有一次在客廳的沙發上，他受到姑媽親切的撫愛時，他是怎樣「抓起她的手親吻她，並且因為愛她而開始哭泣」。

他還記得，在童年時，在那漫長的冬夜，他如何依偎在姑媽的身邊，聽著她和侍女杜涅奇卡等人的談話，感受那充滿溫暖和愛的、令人愉悅的氣氛，而他那些「好的思想和心靈的良好活動，是受益於這些夜晚談話的」。

在托爾斯泰的處女作、中篇小說《童年》中，有這樣一段抒情插曲，寫的是他對自己童年生活由衷的讚美：

幸福！一去不復返的童年時代啊！一個人怎能不愛惜、不珍視那些日子的回憶呢？這些回憶讓我的靈魂蘇醒、崇高，並且是我最大的快樂源泉……

在童年時代，我們生存的唯一動機只包括兩種最優美的德行——天真的快樂和對於愛的無邊的需求——還有什麼能比童年更好呢？

俄羅斯文壇巨星
崇尚愛與和平的托爾斯泰

　　對於童年的生活，托爾斯泰是充滿了「天真的喜悅」的。亞斯納亞·波利亞納莊園及其周圍的優美自然環境是孩子們的樂園。每到夏日裡，托爾斯泰就與他的哥哥和妹妹一起在樹林中玩遊戲，到池塘邊釣魚，或者在草地上騎馬。

　　札謝卡森林也是托爾斯泰經常去的地方。這座樹林一直伸展到卡盧加省，林子中有許多水路，還有許多曲徑通幽的小路，遍地都是蘑菇和蕨菜。

　　距離亞斯納亞·波利亞納不遠的格魯蒙特也是孩子們愛去的地方，因為那裡有山谷、有牧場，還有清澈的泉水。

　　到了冬天，孩子們會到外面打雪仗，或者坐著雪橇上到樹林中捕鳥、打獵。當然，孩子們最盼望的還是耶誕節的到來。每逢耶誕節，托爾斯泰家中總是熱鬧非凡。這一天，除了可以盡情玩耍外，還能觀看或參加化裝舞會。後來，在小說《戰爭與和平》中羅斯托夫伯爵家中孩子們夜駕雪橇、盡情玩耍的場景，就是托爾斯泰兒時的寫照。

（四）

與那個大多數貴族家庭一樣，托爾斯泰家中也請了家庭教師為孩子們授課。最早聘來的教師名叫菲德爾·伊凡諾維奇·廖謝爾。他主要教授孩子們學習德語，也兼授算術、歷史、地理等課程。

這是個心地善良但卻有些迂執的老人。托爾斯泰的《童年》中的卡爾·伊萬內奇，就是以他為原型的。雖然在小說中著墨不多，但卻栩栩如生：

「高高的個子，穿著棉袍，戴著一頂紅色的小帽，帽子下面還露出稀疏的白髮，神情端莊而安詳。」

托爾斯泰是個很聰明的孩子，在五歲時，他就已經學會了法語字母，後來又很快掌握了這種語言。從七歲開始，他就能在家庭記事本上記下哥哥和妹妹每天的活動了。

剛剛學會文字後，托爾斯泰就被克雷洛夫的寓言、普希金的詩歌和《一千零一夜》等故事所吸引。家中的大量藏書，如普希金、卡拉姆津等作家所寫的文學作品便成為托爾斯泰的文學啟蒙老師。

同時，托爾斯泰對藝術美的感受能力也早早就顯現出來。有一次，父親讓他朗讀普希金的詩《致大海》和《拿破崙》，他立刻就用鏗鏘有力的聲音和語調朗誦了這兩首詩，讓父親大為吃驚。父親非常高興，隨即又將正在家中的他的教父亞茨科夫請過來，讓托爾斯泰再讀一遍。

後來，托爾斯泰回憶說：

俄羅斯文壇巨星
崇尚愛與和平的托爾斯泰

「父親顯然是被我朗誦的這兩首詩時所用的感情感動了，他和亞茨科夫教父交換著意味深長的眼色。我知道，他看出我讀得不錯，這讓我非常快樂。」

在五個孩子中，大哥尼古拉秉承了母親的天賦，富於幻想，善於講故事。他講的「螞蟻兄弟」和「吹牛山」這兩個故事，給托爾斯泰留下了不可磨滅的印象。

那一年，托爾斯泰五歲。有一天，大哥尼古拉對弟弟們說，他有個祕訣，如果有一天將這個祕密公開，利用這個祕密，所有的人都將成為幸福的人，不再會有什麼疾病，也不會再有任何不愉快的事情，大家都能和睦相處，互敬互愛，成為「螞蟻兄弟」。

於是，兄弟四人便玩起了「螞蟻兄弟」的遊戲：大家都坐在椅子底下，用一些箱子把椅子圍住，再用圍巾和手帕蒙上，大家摸黑坐在那裡，彼此緊緊偎依在一起。

托爾斯泰後來回憶說：

「這是一種異常親熱的遊戲。我記得，那時我的心中充滿了一種特殊的愛，感到特別激動，因此我十分喜歡這種遊戲。」

遊戲做完了，但大哥並沒有說出那個祕密。他說，他將這個祕密寫在了一根小綠棒上，並這根小綠棒埋在老札卡斯峽谷的路旁。

除了這個遊戲之外，大哥尼古拉還對弟弟們說，有一座吹牛山，只要大家做好一切準備，他就可以帶大家一起到山裡去。而要做的準備就是：第一，要站到角落裡，而且不能想到白熊。托爾斯泰後來說，

「我站到角落裡的情景：儘管我盡力不去想白熊，可無論如何也擺脫不掉有關白熊的念頭」：第二，要沿著地板之間的一道縫隙走過去，不准踏空；第三，一年之內不能看到一隻兔子；最後還必須發誓，對任何人都不能公開這個祕密！

關於「螞蟻兄弟」和「吹牛山」的故事，讓童年時期的托爾斯泰為之神往，終生銘記。他曾在回憶錄中寫道：

「要像『螞蟻兄弟』那樣相親相愛，緊緊偎依在一起，不過不單是在蒙著圍巾和手帕的圈椅底下，而是要普天下所有的人全都如此，這至今仍是我的理想。那時我真的相信：那根小綠棒是存在的，上面寫的是：消滅人間一切罪惡，賜與人們偉大的幸福。如今，我依然相信這一真理是永存的，它將為人們所知道，並將賜與人們它所允諾的一切。」

俄羅斯文壇巨星
崇尚愛與和平的托爾斯泰

第二章 悲傷的少年時代

　　不錯，達到生活中真實幸福的最好手段，是像蜘蛛那樣，漫無限制從自身向四面八方撒放有黏力的愛的蛛網，從中隨便捕捉落到網上的一切。

──托爾斯泰

俄羅斯文壇巨星
崇尚愛與和平的托爾斯泰

（一）

一八三六年冬天，為了孩子們的學業，托爾斯泰一家遷往莫斯科居住。在那時，從波利亞納到莫斯科馬車要走上四天，可以算是長途旅行了。不過，這並不等於他們放棄了亞斯納亞·波利亞納，他們的家仍在這裡。每到夏天假期時，一家人會返回這裡度假。

這是八歲的托爾斯泰第一次出遠門，路上的所見所聞都令他感到新鮮和好奇，同時也在他幼小的心靈中產生了許多的疑問。這次旅行的感受，在他的自傳體小說《少年》中是這樣描述的：

……在生命中的一定時期，你們突然發現自己對事物的看法完全改變了，好像你們以前看到的一切事物，突然將它們的另一面，你所不認識的那一面，轉向了你們。這種精神上的變化在我們旅行期間初次在我心中發生。我認為，我的少年時代是從此開始的。

我第一次認識到，這個世界不只有我們一家，也不是一切利益都以我們為中心的，而是還有其他的人們，還有另外的生活存在。那一切與我們毫無共同之處，他們不注意我們，甚至沒有想到我們的存在。當然，我以前也知道這些，但卻不像現在了解得這麼清楚，認識得這麼透徹，不像現在這樣有親身的體會……

當我望著我們路過的鄉村和城市，每幢房子裡至少都住著像我們這樣的人家。那些婦女和兒童們都懷著好奇心打量著我們的馬車，隨即從我們的視線內消失。路邊的那些小店主和農民不僅不向我們鞠躬

第二章 悲傷的少年時代
（一）

（像我在波利亞納見慣了的那樣），而且連瞧都不瞧我們一眼。

目睹這些情景，我第一次產生了這樣的問題：他們根本不理睬我們，那麼，他們關心的是什麼呢？由此，我又聯想到另一些問題：他們怎樣生活？靠什麼生活？他們如何教養他們的孩子們？是否會教他們念書？會允許他們玩耍嗎？怎樣責罰他們呢？諸如此類。

經過幾天的跋涉，馬車終於駛上了與亞森卡河平行的通往莫斯科的國家公路上。再向前行，孩子們只在書本上見過的莫斯科便清晰可見了。

一路上，幾個孩子輪流坐在父親和祖母他們那高大的六輪馬車上。當托爾斯泰坐到父親身旁時，他後來回憶說：

「我記得我看到了莫斯科的教堂和房屋時的那種興奮勁，父親指給我莫斯科的方向時，那種驕傲的表情讓我尤其驚訝。」

一家人到了莫斯科後，住在位於普留什赫街的一幢寬敞舒適的大宅裡。在這裡，他們的衣食住行與在波利亞納時並無兩樣，孩子們仍然是在家裡讀書。

這時，托爾斯泰對書本內容的興趣不太大，他最喜歡的事就是跟隨家庭教師菲爾德·伊凡諾維奇逛遍莫斯科的大街小巷。那些古老的建築、筆直的林蔭道、鵝卵石鋪就的路面、盛裝的市民以及喧囂的人聲，深深吸引著小托爾斯泰。而最令他神往的，就是坐落在莫斯科河岸的金碧輝煌的克里姆林宮。

十一歲時，托爾斯泰曾在一篇文章中寫道：

俄羅斯文壇巨星
崇尚愛與和平的托爾斯泰

　　克里姆林宮是多麼雄偉啊！在許多的教會建築和大教堂中，伊萬大教堂就像巨人一樣矗立著，它令人不由得回想起伊萬這個狡猾的皇位攫取者……

　　這堵白色的石牆也讓人回憶起偉大的天才和英雄人物……正是在這堵牆下，擺脫異族統治桎梏、爭取俄羅斯獨立的曙光升了起來。

　　而這條靜靜的莫斯科河又給了我一種多麼美妙的感覺啊！她目睹了莫斯科城的一切不幸與光榮，最終迎來了莫斯科城的宏偉時代……

（二）

隨著年齡的增長和家庭生活的變故，托爾斯泰在懷著對生活的熱愛、幻想和憧憬的同時，也逐漸感受到了生活中那些令人悲傷和陰冷的一面。

一八三七年的夏天，父親尼古拉去圖拉省辦事，在拜訪他的朋友傑邁肖夫的途中，突然感覺不適，一頭栽倒在地，不省人事。此後，父親再也沒有醒過來，他身上的錢也都被偷走了。

父親的去世讓一家人悲痛欲絕，孩子們成了父母雙亡的孤兒，老祖母也失去了唯一的兒子，塔基亞娜失去了她終生默默、無私熱愛的兄長。

尼古拉的葬禮是在亞斯納亞·波利亞納舉行的，但托爾斯泰沒有參加。他很久都不能相信父親已經去世的事實，總覺得父親只是在外面辦事，有一天會回來的。他變得精神恍惚，有時甚至要一個人到莫斯科街頭那些陌生的人群中去尋找父親的蹤影。

後來，托爾斯泰回憶道：

「我非常愛父親，但我不知道為什麼會對他產生如此強烈的愛。」

父親去世以後，祖母就解除了與孩子們相處甚好的家庭教師菲爾德伊凡諾維奇，這又給少年的托爾斯泰增添了新的痛苦。不久後，祖母重新又給孩子們請了一個法國籍的家庭教師聖·托馬。

聖·托馬是個見識淺薄、為人高傲自大的人，不願意像菲爾德那樣

了解和熱愛孩子們。他獨斷專行的授課方式和嚴厲的管理措施，引起了孩子們的強烈反感。後來，托爾斯泰在回憶錄中還提到這樣一件事：

記不清是因為什麼事，總之是一件不值得計較的小事，聖·托馬首先將我鎖在屋子裡，後來還威脅我，說要用樹枝抽我。我滿腔怒火，氣憤至極，不僅厭惡他，甚至痛恨他想加之於我的暴力。

聖·托馬對托爾斯泰的體罰，在這個敏感、渴望愛的少年的心靈上刻下了難以磨滅的傷痕。到了晚年，托爾斯泰心情憂鬱時還會想起當年被鎖在貯藏室中的情景。可以說，這是托爾斯泰一生中仇視暴力的源頭，甚至也是托爾斯泰自認為「走上對宗教懷疑道路的第一步」。

禍不單行，在父親去世不到一年，祖母也憂傷成疾，於一八三八年五月二十五日溘然長逝。托爾斯泰的大姑媽亞歷山卓·伊莉妮奇娜，即阿玲姑媽被指定為五個孤兒的法定監護人，托爾斯泰家族的財產也都交由監護理事會經管。

此後，家裡的經濟狀況日漸拮据，領地的收入已不足以維持托爾斯泰一家在莫斯科的開支，全家不得不縮減開支。於是，一家人搬出了普留什赫街舒適的大宅，另外找了一幢比較簡陋的住宅。

不久，由於經濟狀況的不佳，除了兩個年長的孩子留在莫斯科，由阿玲姑媽照顧，準備考試升學之外，其餘的人又重新返回亞斯納亞·波利亞納。這對小托爾斯泰來說是件讓他高興的事，因為他可以與家庭教師聖·托馬分開了。

一八四〇年，孩子們的法定監護人阿玲姑媽在奧普京修道院去世。

第二章 悲傷的少年時代
（二）

這時，能夠做孩子監護人的就只剩下小姑媽比拉蓋亞·伊莉妮奇娜了。

此時，已經成為大學生的哥哥尼古拉代表弟妹向遠在喀山的比拉蓋亞姑媽請求得到撫養權。姑媽同意了，但有個條件，那就是五個孩子都要到喀山去。但是，她拒絕一直與孩子們生活在一起的塔基亞娜姑媽一同前往。

原來，比拉蓋亞的丈夫、昔日的驃騎兵尤什科夫曾經愛戀過塔基亞娜。對此，比拉蓋亞一直耿耿於懷，她擔心塔基亞娜的到來會令丈夫舊情復燃。

比拉蓋亞姑媽的這個條件讓塔基亞娜姑媽與孩子們都很難過。塔基亞娜這樣寫道：

「這是多麼殘酷！這簡直是一種野蠻的行為——讓我與孩子們分離！在這些孩子身上，我傾注了自己將近十二年的關懷、體貼和心血，這些孩子是在他們母親臨終前由他們的父親交給我的。我沒有欺騙他們的信任，沒有辜負他們的期待，我用我最大的母性溫存履行了對他們的神聖的責任。我的使命完結了。」

但事實無法改變，托爾斯泰兄妹和他們的僕人、農奴、木匠、裁縫等，分乘幾輛馬車從波利亞納出發，然後乘坐平底船沿窩瓦河順流而下，前往喀山。

塔基亞娜姑媽將孩子們送到莫斯科後，含著眼淚與孩子們告別。後來，托爾斯泰在給塔基亞娜姑媽的信中寫道：

在離別的時刻，我內心突然一顫，明白了你對我們的全部意義。

俄羅斯文壇巨星
崇尚愛與和平的托爾斯泰

因而，我稚氣的流出了眼淚，並哽咽著說了幾句話，想向您表達我自己的感受。

（三）

一八四一年，托爾斯泰開始了他在喀山的生活。在這座城市，他生活了大約五年，哥哥們也都順利考上了喀山大學。

在喀山，起初小托爾斯泰沒有什麼變化，只是更加孤獨了。比拉蓋亞姑媽家屬於喀山的上層貴族家庭，生活奢侈豪華。她本人是個善良、俗氣、非常淺薄的女人，總是那麼活潑、快樂。她愛世界上的一切：高級僧侶、修道院，愛給教堂和修道院縫製鑲金的繡布；愛吃喝玩樂，還愛饒有興趣地收拾房間，一張沙發要擺放在哪裡，對她來說都是一件大事。

她的丈夫雖然比較聰明，但也是庸庸碌碌之人，除了會一手好繡布、會向漂亮的侍女飛眼之外，一事無成。

無論是淺薄的姑媽，還是整日在上流社會混日子的姑父，都不能給托爾斯泰任何道德修養方面的指導，這讓托爾斯泰痛苦萬分。後來，他在《懺悔錄》中寫道：

我一心一意想要成為一位好人，但我年幼無知，我有一股強烈的願望；而當我尋求美好的東西時，我單槍匹馬，完全孤立無援。每當我打算說出內心的真正渴望，說出我想成為精神道德上完美無瑕的人這一思想時，我遭到的卻是鄙視和譏笑。

可是，一旦我陷入可惡的情欲裡，自暴自棄，他們卻誇獎我、鼓勵我。虛榮、貪權、自私、淫欲、傲慢、憤怒、復仇——所有這一切，

反而都得到了尊重。當我被這些惡劣的情感籠罩時，我就變得像大人了。同時，我覺得他們對我還是十分滿意的。

從這段話裡，我們可以看出十四歲的托爾斯泰生活在多麼惡劣的環境當中。處於人生重要的成長階段，托爾斯泰在精神上無比孤獨。他開始接觸費希特、謝林等人的哲學著作，思考著生與死、生活的意義等問題，表現出了遠遠超過同齡人的抽象思維能力。

不僅思考，他還一再付諸實施。比如，有一次托爾斯泰突然想到：幸福不在於外因，而在於人對外因的態度。一個吃苦耐勞慣了的人不可能會不幸。為了證明這一點，他長時間將厚厚的大辭典舉過頭頂；或者走進貯藏室，脫掉上衣，用鞭子狠狠抽打自己；或者將手放在火爐上烤，再伸到窗外去凍。

有一段時間，他又對懷疑主義產生了興趣。他說：

「我曾經想像：在整個宇宙當中，除了我自己之外，任何人和任何東西都不存在，物體也並非物體，只是當我對它們加以注意時才出現形象；我一不想到它們，這些形象就馬上消失。」

為了驗證這個觀點，他經常飛快轉過頭去，朝後面張望，希望可以出其不意在他不存在的地方抓住虛無。在這種精神活動中，托爾斯泰也觸及了他以前不敢觸及的信念，贊同伏爾泰對宗教的嘲笑，甚至還懷疑上帝的存在。

不過，在這段精神空虛的日子裡，托爾斯泰與德米特里·吉雅科夫之間真摯的友誼為他少年時代的夢想增添了一些美好的色彩。

第二章 悲傷的少年時代
（三）

　　吉雅科夫年紀比托爾斯泰稍長，但兩人氣質相近，意氣相投，對各種事物的看法也頗有相似之處。他們經常單獨待在一起，熱烈地討論彼此感興趣的話題，同時也熱切表達著那些一直激動著他們的思想和感受。

　　每當這時，托爾斯泰就會忘記時光的飛逝，忘記周圍的一切。後來，托爾斯泰在回憶這段經歷時說：

　　「我和德米特里的友誼啟示我以新的目光看待生活、生活的目的和人的關係等。這種看法其實是堅信人的使命在於追求道德完善，堅信這種完善是易於奏效和可能辦到，而且永遠不變的。

　　「現在，時候到了，這些想法就像精神上的發現一樣，以新的力量出現在我的腦海中。我想起過去白白浪費了許多時間，同時也想起要把這些想法付諸實施，而且下定決心，矢志不渝。」

俄羅斯文壇巨星
崇尚愛與和平的托爾斯泰

第三章　大學生活始末

　　幸福不表現為造成別人的哪怕是極小的一點痛苦，
而表現為直接促成別人的快樂和幸福。照我看來，它在
這一方面可以最簡明表達為：幸福在於勿惡、寬恕和熱
愛他人。

——托爾斯泰

俄羅斯文壇巨星
崇尚愛與和平的托爾斯泰

（一）

在比拉蓋亞姑媽身邊時，托爾斯泰曾用兩年的時間準備報考喀山大學。他想成為一名外交官，準備進喀山大學的東方語言系，因此就必須掌握阿拉伯文和土耳其韃靼文。

托爾斯泰學習很努力，並於一八四四年六月參加了入學考試。但這次考試成績並不理想，法文、德文、阿拉伯文和土耳其韃靼文等都是優等，英文、數學和俄國文學為良好；但他不太注意的拉丁文、歷史和地理三門功課卻完全失敗，得了最低分。

為了能順利升入大學，托爾斯泰在接下來的兩個月裡幾乎足不出戶，全力補習三門不及格的課程。暑假結束後，他被允許補考這三門不及格的科目，最終都順利通過，被錄取為東方語言系阿拉伯土耳其語專業的學生。

在得到被錄取的消息後，托爾斯泰歡喜雀躍，慶祝自己終於成為大人。他將擁有屬於自己的馬車，到處都受到禮儀的待遇；而且，誰也不能阻止他抽煙了。剛滿十六歲的托爾斯泰對他的大學生活充滿了嚮往。

東方語言系是喀山大學最出色的一個系，在整個歐洲都享有盛譽。該系集中了一批精通波斯語、漢語、蒙古語、阿拉伯語和土耳其語的專家，是俄國培養東方學專門人才的搖籃。由於當時俄國東方政策的需要，這方面的人才很搶手，所以該系也成為許多青年學子慕名投考

的對象。

　　托爾斯泰報考東方語言系，可能還受到家庭環境的影響。他的父親在世時，曾與外交界朋友時有來往；他的親戚中也有不少在這一行工作的。加之托爾斯泰有語言方面的才華，因此他最初產生當外交官的念頭也是很自然的。

　　當托爾斯泰身著貂皮領子的大衣，佩帶著大學生短劍，戴著三角帽和白手套跨入大學校門時，他的感覺棒極了！自小在家庭教育圈子長大的托爾斯泰，第一次置身於同齡人中間，新鮮感自然也十分強烈。

　　高大宏偉的教學樓、寬敞明亮的教室、走廊中熙熙攘攘的人群，以及屬於這個歡樂大集體中一員的意識，這一切都令托爾斯泰感到愉快。

　　但很快，托爾斯泰就發現自己對東方語言的學習並不敢興趣；相反，枯燥乏味的課程令思想活躍和求知欲強烈的托爾斯泰感到深深的失望。從一開始他就斷定，像大多數同學那樣每天忙於做課堂筆記是毫無意義的，甚至是愚蠢的。

　　所以在課堂上，托爾斯泰經常心猿意馬，有時甚至乾脆就不去上課了。不久後，托爾斯泰就開始沉湎於上流社會的各種舞會、晚會和招待會當中了。

　　喀山位於窩瓦河的中游和卡馬河流域的中心，地理位置獨特，自然風光優美，是個非常繁華的城市。在漫長的冬季，這裡的貴族社交活動總是顯得異常活躍，

俄羅斯文壇巨星
崇尚愛與和平的托爾斯泰

在比拉蓋亞姑媽的慫恿和誘導之下，這年冬天，托爾斯泰也開始頻頻出入於顯貴之家，出現在宴會、舞會和慶典之類的場合中。一連串的舞會，時而在省長官邸，時而在首席貴族府上，時而在羅吉昂塔諾夫學院；另外還有家庭舞會、貴族俱樂部化裝舞會、繪畫展覽會、音樂會等等，一個接著一個，讓托爾斯泰應接不暇。

但是，他卻遠不及同齡貴族大學生那麼受上流社會女士們的垂青。他常常流露出一種奇怪的固執和靦腆。他性情孤僻，動作呆笨，總是怯生生的。因此，人們都嘲諷的叫他是「哲學家」。

在這方面，托爾斯泰非常羨慕自己的二哥謝爾蓋。謝爾蓋很善於博得上流女士和小姐們的歡心，並能左右逢源、應付自如。托爾斯泰認為二哥是個徹頭徹尾的「體面人物」。為此，他也以二哥為樣板，努力結交那些志趣並不相投的人物。

顯然，上流社會的生活方式對年輕的托爾斯泰來說具有一定的吸引力；但是，這樣的生活方式與他的理想追求又非常不和諧。在托爾斯泰看來，他的理想是建立在四種感情基礎之上的：

第一種感情是對「她」，一個幻想中女人的愛情……；第二種感情是對愛的回報，我想要所有的人都知道我，人人都愛我……；第三種感情是希望一鳴驚人，這個念頭是如此強烈、如此執著，以至於弄得我神魂顛倒；第四種也是最主要的感情，是自我厭惡和懊悔，但懊悔和對幸福的希望混合到那樣的程度，以致它沒有了任何悲哀的部分。

可見，此時的托爾斯泰正面臨著「成長中的煩惱」。他有自己的

理想境界，又受現實生活中種種世俗的誘惑，因此難免感到彷徨和迷
茫。

（二）

在喀山貴族女子學校校長札格斯金納舉辦的一次舞會上，托爾斯泰結識了一位漂亮的少女季娜伊達·莫羅斯特沃娃。季娜伊達是托爾斯泰的妹妹瑪莎的同學，性格活潑，喜歡幻想，與托爾斯泰有共同的語言。

兩個年輕人很快就沉浸在初戀的甜蜜之中，常常漫步在阿爾西葉列伊花園中，一起談天說地。可是，兩人誰都不想破壞這種純潔和詩意的情感，以致最終也未能向對方吐露自己的心聲。這段初戀也成為托爾斯泰美好的人生回憶。

在大學時代，托爾斯泰繼續與吉雅科夫保持著友誼，同時他又結識了許多新朋友。當時就出身來說，托爾斯泰的大學同學基本可以分為兩類：一類是承襲了祖先封號的貴族學生，一類是小公務員、小商人、手工業者等平民階層的子弟。

貴族學生們依仗著家境的殷實，衣著講究，生活闊綽，談吐舉止似乎也十分高雅；而平民學生生活拮据，大多依靠優異的成績繳獲「官費」求學，清貧的生活往往令他們不修邊幅，也不看重所謂的「禮節」。

在與這兩類學生相處時，托爾斯泰充滿了矛盾心態。作為一個從小在貴族社會環境中長大的青年人，他注重上流社會的「體面」和「禮節」，因此不由自主向那些貴族學生靠攏。可他很快發現，那些「體面」的貴族學生大多庸俗不堪，華麗的外衣裡面，是空虛和淺薄的心

靈；相反，那些外表不夠體面的平民學生卻大多目光敏銳，聰明好學，頗有修養和追求理想的熱忱。

對貴族和上流社會的喧囂逐漸產生厭惡感後，托爾斯泰繼續著自己的精神追求，開始潛心閱讀和研究黑格爾、伏爾泰、盧梭等人的哲學著作，其中對法國作家盧梭的哲學和文學作品尤為傾心。在大學期間，托爾斯泰就讀完了盧梭的全部二十卷著作，深受其影響。盧梭的作品也激起了他對真理的嚮往。他甚至覺得，閱讀盧梭的作品就好像在閱讀自己的思想一樣，只不過是有意識的對自己的思想加以補充。

在大學期間，托爾斯泰還寫下了《論哲學的目的》等九篇文章，闡述了盧梭的思想和字的見解等。

一八四五年夏天，托爾斯泰回到亞斯納亞・波利亞納度假時，還曾嘗試過一種樸素的原始生活。為了不被干擾，他單獨住在一棟側樓中，而且不需要僕人侍奉，自己收拾房間。白天，他或在房間中靜思，或到樹林中散步，手裡總是拿著一大本哲學著作。他還給自己縫製了一件又長又寬的布袍，每天穿著，即使有客人來也不換。

也是在這時，托爾斯泰第一次感覺到老爺地位的可恥。他後來回憶說：

「當我十七歲時，我穿著一件普通的制服走路，卻聽到他們（農民）叫我『狗少爺』。」

這讓托爾斯泰既感到刺耳，又覺得羞恥。不過，這種羞恥感是一種向善心態的反映，因此托爾斯泰「喜歡這種情感」。

俄羅斯文壇巨星
崇尚愛與和平的托爾斯泰

　　托爾斯泰的精神追求還令他對宗教產生了深深的懷疑，儘管這時他對宗教的態度還是游移不定的。童年時，托爾斯泰曾受過洗禮，並在信仰東正教的環境中長大。對這種信仰的第一次衝擊，是發生在他十一歲時。

　　那年，有個名叫沃倫傑卡的中學生來到他家，聲稱有一個特大新聞，那就是：上帝是根本不存在的，到處宣揚的教義都是無稽之談。

　　這讓托爾斯泰和他的哥哥們非常興奮，認為這個說法是有可能的。隨後，托爾斯泰「開始大量閱讀和思考問題」，並對教義的否定態度更加堅決了。後來，托爾斯泰在他的《懺悔錄》中寫道：

　　我從十六歲開始就不作禱告，自己主動不上教堂，不作齋戒祈禱。我不再相信小時候教給我的一切，但我總還是有某種信仰。究竟我信仰什麼？我自己也講不清楚；我也相信上帝，或者更確切說，我不否定上帝，究竟是怎樣的一位上帝？我也講不清楚。我也不否認基督和他的學說，而這些學說的實質是什麼？我同樣講不清楚。

　　托爾斯泰認為，當時他唯一的信仰就是完善，而且主要是道德的完善，可同時又有「比別人更能夠有名氣、更重要、更富有」的願望。這種矛盾，十分符合正在探索人生的托爾斯泰的心態。

（三）

　　一年的大學生活很快就過去了，托爾斯泰沒能通過升等考試，他的德語和歷史兩門功課都得了最低分。此時的托爾斯泰，寧願離開東方語言系，也不願意重讀一年。因此在一八四五年八月，他轉到了法律系。與東方語言系陣容強大的師資隊伍相比，法律系簡直是相形見拙。而且，當時攻讀法律系的大部分都是劣等生，差不多全是一些紈絝子弟。

　　但是，該系也有幾名才華橫溢的教授，其中擔任俄國法律史的梅耶教授更是鶴立雞群。托爾斯泰剛到法律系不久，梅耶教授就注意到了他。有一次，梅耶教授對托爾斯泰的一個同學說：

　　「我發現他壓根兒就不想好好學習，真是令人惋惜。他的臉孔是那樣富有表情，眼睛是那樣機智，我相信，他只要努力學習，獨立鑽研，是會成為棟梁之才的。」

　　為了引起托爾斯泰對法學的興趣，梅耶教授讓托爾斯泰對孟德斯鳩的《法意》和葉卡捷琳娜二世的《法典》比較研究。托爾斯泰這次的確是下了功夫，他在日記中稱這是「第一次嚴肅用功了」。

　　經過一段時間的研究比較，托爾斯泰得出了一系列獨到的結論。他認為，專制主義是反人民的，「專制主義靠什麼來維持呢？或者靠人民的不夠開化，或者靠受壓迫的那一部分人民力量不足」，在專制統治者可以隨意改變法律的情況下，法律是不可能保障人民的權利的；

俄羅斯文壇巨星
崇尚愛與和平的托爾斯泰

女皇不會放棄專制主義精神，她只是借來孟德斯鳩的共和思想，「當做為專制主義辯護的工具」。而兩者的本質是不同的，因此女皇這樣做「多半不會成功」。

最後，托爾斯泰給《法典》的評價是：

「淺薄多於真切，俏皮多於理性，虛榮心多於對真理的愛……愛自己勝過愛他人，它給葉卡捷琳娜帶來的榮譽多於給俄國帶來的利益。」

透過研究《法典》和《法意》，托爾斯泰認識到：大學裡這種經院式的教育模式已經成為他鑽研問題的障礙。如果處於大學的圍牆之外，他便可以隨心所欲做自己喜歡的事，從事自己喜歡的研究，而不必受教授課程的約束。

一八四六年秋，托爾斯泰兄弟三人（此時大哥尼古拉已前往高加索服役）搬出了比拉蓋亞姑媽家中，住進了一棟單獨的住宅裡。在這裡，托爾斯泰將他的主要精力都用於博覽群書之中，他所涉獵的文學作品也更加豐富。他曾在回憶往事時談到自己十七歲那年迷戀大仲馬的小說《基督山恩仇記》和《三劍客》的有趣情景。他還為開過這樣一份書單，談到對他十四到二十歲期間影響最大的書，其中包括盧梭的《懺悔錄》、《愛彌兒》和《新愛洛伊斯》，普希金的《葉甫蓋尼·奧涅金》，席勒的《強盜》，果戈里的《外套》和《死魂靈》，屠格涅夫的《獵人筆記》，狄更斯的《塊肉餘生錄》，萊蒙托夫的《當代英雄》等。

　　當然，托爾斯泰在這期間閱讀的書籍遠不止這些，歌德的《浮士德》、歐仁·蘇的《巴黎的祕密》等，都在他的閱讀行列中，他閱讀的作品已經達到幾百本了。就俄國作家來說，當時托爾斯泰最推崇的是普希金、果戈里和萊蒙托夫。

　　在大學階段的後期，托爾斯泰還可以系統的寫日記，並將其作為「發展自己的能力」和提高道德修養的重要手段。在日記中，他曾為自己制訂了嚴格的生活準則，並不斷對自己的思想和行為毫不留情的剖析。從一八四七年初到一九一〇年托爾斯泰去世前四天，在長達半個多世紀的歲月裡，托爾斯泰的日記很少有過中斷。這些日記也成為記錄作家真實生活和創作歷程的珍貴文獻。

　　一八四七年四月，托爾斯泰終於下定決心退學。雖然喀山大學校長、俄羅斯著名數學家羅巴切夫斯基勸他留下來，繼續完成學業，但托爾斯泰還是毅然選擇了退學。

　　後來，托爾斯泰在他的小說《復活》的一個版本中，這樣寫主角聶赫留道夫退學的原因：

　　……他離開大學，沒有學完課程，是因為他認定：大學裡沒有什麼可學的，學過的那些課程都無關緊要，以致在考試複述它們時不但沒有什麼用處，簡直讓人感到羞辱……他覺得，那些著名的、然而大部分又都是很沒有遠見的學者，披著絕對正確的科學的外衣，販賣的卻只是辭藻華麗的大雜燴。

　　這段話，正是當年托爾斯泰自我心態的記錄。

俄羅斯文壇巨星
崇尚愛與和平的托爾斯泰

　　四月底，校方批准了托爾斯泰以「健康不佳和家事牽累」為由提出的退學申請。一個星期後，他回到家鄉亞斯納亞·波利亞納。

第四章　年輕的地主

　　幸福並不在於外在的原因，而是以我們對外界原因
的態度為轉移，一個吃苦耐勞慣了的人就不可能不幸。

　　　　　　　　　　　　　　　　　——托爾斯泰

俄羅斯文壇巨星
崇尚愛與和平的托爾斯泰

（一）

　　一八四七年初夏，托爾斯泰回到亞斯納亞·波利亞納，與哥哥們和妹妹相聚到一起。隨著孩提時代的漸漸遠去，這樣的機會已經很難得了。

　　這時，托爾斯泰兄弟們都已經到了成家立業的年齡。大哥尼古拉當了軍官，二哥謝爾蓋和三哥德里特里都已經大學畢業，托爾斯泰自己剛剛退學回來，妹妹瑪莎雖然尚未年滿十八歲，但已經準備出嫁了。

　　此次他們在波利亞納相聚，主要是分割父母留下的遺產。分家的結果，托爾斯泰得到了亞斯納亞·波利亞納這片莊園。大哥尼古拉得到的是祖傳的、位於切爾尼河畔的領地；二哥謝爾蓋和妹妹瑪莎平分了位於圖拉省克拉比新斯科縣的比羅爾沃那塊較大的領地；三哥德里特里分到了位於庫爾斯克省的謝爾巴喬夫卡村。

　　與其他幾塊領地相比，波利亞納的收入要少一些，但出於對故土的留戀以及對母親的懷念，托爾斯泰還是選擇了這裡。

　　不久後，托爾斯泰兄妹一起到法院辦理了財產分割手續。隨後，幾個哥哥先後離開了波利亞納，小妹妹瑪莎也出嫁了。讓托爾斯泰感到欣慰的是，在他的再三請求之下，塔基亞娜姑媽留在了亞斯納亞·波利亞納，與托爾斯泰生活在一起。

　　這時的托爾斯泰，已經是一個擁有一千四百七十俄畝土地和三百三十名男性農奴的青年地主了。擺在他面前最主要而直接的問題，

就是怎樣管理好波利亞納莊園。

　　此後的托爾斯泰以其特有的熱情和執著，一心一意投入到治理農莊的事務當中。他購置了脫粒機、播種機等農業機械，辦起了農場；他將一部分森林劃歸農民經營，並取消了對農民的肉體懲罰；他還經常到村裡了解農民的生活狀況，透過村社大會給貧苦農民一定的救濟，等等。

　　不過，托爾斯泰的這些努力卻遭遇到意想不到的阻力。首先是附近的一些地主對他的做法感到不滿，認為他是在收買人心；一向對他疼愛有加的塔基亞娜姑媽甚至認為侄子的怪脾氣又犯了，因為在她看來，農奴就是下等人，天生就應該給地主當牛做馬。

　　而最令托爾斯泰感到沮喪和不解的是，他做的一切同樣沒有得到農民的理解。有的農民認為他是個怪人，可以從他身上撈點便宜；有的農民則認為他是個想占便宜的地主；還有的農民更是瞧不起他，認為他年輕、不諳世事。

　　一年的時間很快就過去了，農民的生活狀況依然如故，農莊裡的經營管理也是毫無起色，甚至還出現了一派衰敗的景象。年輕的托爾斯泰沒有意識到，一個社會已經習慣了的生活方式，絕不是一個心地善良、但缺乏經驗的地主所能改變的。不改變國家的根本大法——解放農民，就不可能消除農民的貧困、受壓迫和愚昧無知的局面。

　　農事改革的失敗讓年輕的地主托爾斯泰陷入到矛盾和痛苦之中。他一時無所適從，彷彿精神上出現了一個難以填補的真空。他開始鑽

俄羅斯文壇巨星
崇尚愛與和平的托爾斯泰

研音樂、繪畫、法律、醫學，甚至整天坐著彈鋼琴，可是一種無名的惶惑仍然不時襲上他的心頭。

一八四八年十月中旬，托爾斯泰將莊園交給妹夫管理，自己離開了亞斯納亞·波利亞納，去了莫斯科。

按照托爾斯泰的最初設想，他一方面是打算到莫斯科準備功課，迎接副博士學位的考試；另一方面是想換個環境，擺脫農事改革失敗留下的陰影，尋求一種精神上的解脫。

到了莫斯科後，托爾斯泰住在朋友別爾菲力耶夫家中。別爾菲利耶夫是個自由散漫、交遊甚廣的貴族。與這樣的朋友生活在一起，托爾斯泰很快就將準備考試的事丟了在一邊，將整個冬天都消磨在莫斯科的社交界中。多年以後，托爾斯泰在回憶這段生活時說：

「我在莫斯科的生活亂七八糟，既沒有公務，也沒什麼正經事，胸無大志。我之所以這樣生活，並不想許多人所說所寫的那樣，認為在莫斯科人人都這樣過日子，其實只是我喜歡這樣的生活而已。再者，莫斯科上流社會青年人的處境也令人容易懶散。」

在莫斯科無所事事過了幾個月後，托爾斯泰又對自己墮落的貴族生活感到不滿了。於是在一八四九年一月底，他又離開莫斯科，前往彼得堡。

（二）

剛剛到彼得堡時，托爾斯泰感到既新鮮又興奮，因為這裡嶄新的環境不僅讓他變得勤奮起來，他還遇到了一些舊朋友和結識了新朋友。

一八四九年二月中旬，托爾斯泰在給二哥謝爾蓋信中表示：

「彼得堡的生活對我有巨大的、良好的影響，教我從事活動的本領，並且不由自主改變了我的時間安排。無論如何，任何人都不能懶散；每個人都有工作，都忙碌；你不能找到一個可以和他無目標過活的人，而你要獨自那樣過是不行的。」

此時的托爾斯泰也漸漸明白：一個人不能光談理論和哲理，還必須實實在在生活，即必須先做一個實際的人。他告訴二哥，他打算永遠留在彼得堡，先準備彼得堡大學的入學考試，然後留在這裡服務。

經過一段時間的認真準備，托爾斯泰以優異的成績通過了民法和刑法這兩門課的考試。可很快，托爾斯泰就又改變了自己的主意，一種新的前程又在吸引著他，他又下決心要「進入騎兵隊，當一名士官生」，幻想著兩年後（或更短的時間內）成為一名軍官。

然而沒多久，托爾斯泰再次放棄他的計畫，重新過起散漫的貴族生活。一晃五個月過去了，托爾斯泰再次痛感自己在彼得堡「什麼有用的事都沒做，只是花費了一大堆錢，還負了債」。

托爾斯泰決心離開彼得堡，返回家鄉。在回鄉途中，他結識了才華出眾的德國鋼琴家魯道爾夫，並邀請魯道爾夫同他一起來到了亞斯

俄羅斯文壇巨星
崇尚愛與和平的托爾斯泰

納亞·波利亞納。

　　一八四九年夏天，回到亞斯納亞·波利亞納的托爾斯泰虛心向魯道爾夫學習，全身心沉浸在音樂天地中。可以說，在托爾斯泰感到苦悶無聊時，才華橫溢的魯道爾夫令他重新振作起來，並給他的藝術天性找到了一條出路。他甚至認為自己能夠成為一個偉大的作曲家，因此，他常常接連幾小時練習彈鋼琴，從各種聲音組合中得到靈感。他還試圖提出一套理論來，題目都想好了，那就是——《音樂的基本原理及其研究規則》。

　　這年的十一月，托爾斯泰在圖拉省貴族代表會議辦公廳登記了一個掛名的差事，但也只是個虛職，沒什麼實際職務。在此後的一年，托爾斯泰經常酗酒、打牌，或者外出打獵，有時還將大把的時間花在練琴和體操上。

　　與此同時，托爾斯泰對美好人生的嚮往與追求又讓他的內心充滿矛盾。在這段時間裡，我們可以看到他的日記裡有這樣一些記載：

　　「我已經第二天這麼懶散了，沒有做規定要做的事。為什麼呢？我也不明白。但我並未絕望，我會強迫自己去做！」

　　「我完全像牲口似打發日子，儘管還沒有完全遊手好閒，但自己的事業幾乎全都放棄了，在精神上也頹廢下去了。」

　　「我浪費了許多光陰。起初迷戀上流社會的娛樂，後來心靈又感到空虛。」

　　「總而言之，簡單一句話，我胡鬧夠了……」

第四章 年輕的地主
（二）

也許正是不斷剖析自己、抱著改變自己的信念，在一八五〇年底，托爾斯泰決定再去莫斯科，他決心重新實實在在安排好自己的生活。

在日記中，托爾斯泰稱自己這次到莫斯科有三個目的：玩牌、結婚和找一份工作。

到了莫斯科後，托爾斯泰租下了一套像樣的住宅，想就此定居下來。但是，他的三個目標一個也沒有實現。第一個目標是因為他已經開始厭倦了，甚至覺得賭博有些卑劣下流；對於結婚，大哥尼古拉明智的建議他先將這件事擱置下來，要等到條件成熟再說。而最後一件事因客觀條件限制和他主觀上「又想做許多與此不相容的事」，根本沒顧上去辦。

一次偶然的機會，托爾斯泰讀到了《班傑明·富蘭克林傳》。在這本書中，他讀到這位美國開國元勳有一本特別的記事簿，上面專門記載自己必須加以改正的所有弱點。

這讓托爾斯泰很感興趣，他馬上模仿佛蘭克林的做法。此後每天除了記日記外，他還記「佛蘭克林日誌」，裡面按週逐月用表格列出他希望獲得的美德和品質，每一項下面都留下一塊空白。每天他觸犯了哪一項，就在下面的空白處打上一個叉。

在隨後的一段時間內，托爾斯泰勤勉遵守著齋戒，還寫了一篇布道稿。他在日記中寫道：

「我懊悔極了！我從來不曾有過如此強烈的懺悔心情……我開始信仰宗教，比在鄉村時更加篤信！」

（三）

正是在一種對過去的懊悔和改變中，托爾斯泰開始嘗試著寫點東西。他先是寫了一個名叫《茨岡人的故事》的吉普賽故事，隨後又模仿斯泰恩《趕上的旅行》寫了一部《昨天的故事》。雖然這兩篇故事都沒寫完，但他的第一部公開發表的小說《童年》卻是這個時期開始構思的。

值得注意的是，托爾斯泰在開始創作的最初階段，就曾在日記中提出了文學創作的目的、文學與民眾的關係等問題。他寫道：

拉馬丁說，作家們忽視大眾文學，而讀者多半在人民大眾中間。寫作的人都為他們生活的那個圈子寫作，而人民大眾，期間有渴望受教育的人，卻沒有文學。只要作家不為人民大眾寫作，人民大眾就不可能有文學……

一切著作想要寫好，必須向果戈里在談他的最後一部小說那樣，從作者的心靈中唱出來。……即使一位作者屈尊俯就人民大眾的水準，人民大眾也不會那樣去理解。……人民大眾有自己的文學──美好的、無法模擬的文學。它不是贗品，而是從人民大眾自己的圈子裡唱出來的……

一八五一年的春天很快就來到了，托爾斯泰非常喜歡這個鵝黃柳綠、鳥語花香的季節，因為春天總是能令他精神振奮。「隨著大自然的復蘇，使自己也想要新生」。這時的托爾斯泰，迫切地希望改變自

己最近幾年這種游移不定的生活。

四月初，他從莫斯科回到亞斯納亞·波利亞納。此次回波利亞納他還有一個目的，就是為度假期滿、即將返回部隊的大哥尼古拉送行。

當兄弟兩人見面後，尼古拉發現托爾斯泰總是一副心神不定的樣子，惶惶不可終日，甚至找不到一件能吸引他的事情來做。他覺得，托爾斯泰需要徹底改變一下生活環境，於是建議托爾斯泰跟隨自己一同到高加索去。

托爾斯泰很快就接受了大哥的建議。後來，托爾斯泰在他的中篇小說《哥薩克》中，藉主角奧列寧決定前往高加索這個情節，描述了自己當時的心態：

是為了要孤獨，為了要嘗一嘗困苦的滋味，在困苦中考驗自己；為了要經歷危險，在危險中考驗自己；為了要以勞動來改正自己的錯誤，為了能一下子擺脫舊的軌道，一切都重新開始，包括自己的生活和自己的幸福⋯⋯

對了，那邊才有幸福！他這樣肯定，並且懷著憧憬未來的興奮心情，匆匆奔向那個他從來都沒有去過的地方。

一八五一年四月二十日，托爾斯泰與大哥尼古拉離開波利亞納，踏上了前往高加索的旅程。途經莫斯科時，他們在那裡停留了兩個星期，然後又來到喀山，拜會他們的親朋好友。

四年後重回喀山，托爾斯泰異常興奮，因為這裡有他的初戀季娜伊達。幸運的是，托爾斯泰在札格斯金納的家庭舞會上與季娜伊達重

逢，這再次燃起他對這位昔日女友的戀情。後來，托爾斯泰再給妹妹瑪莎的信中寫道：

「我是那樣為季娜伊達所陶醉，竟令我產生了寫詩的勇氣。」

但與四年前一樣，托爾斯泰依然沒有公開向季娜伊達表達自己的愛慕之情。

一週後，托爾斯泰兄弟倆離開了喀山。從此，托爾斯泰再也沒有見過這位令他難忘的姑娘。一年後，他在高加索的軍營中聽到季娜伊達結婚的消息，他「感到很難過」。

第五章 高加索的戎馬生涯

所謂人生，是一刻也不停變化著的。就是肉體生命
的衰弱和靈魂生命的強大、擴大。

——托爾斯泰

俄羅斯文壇巨星
崇尚愛與和平的托爾斯泰

（一）

離開喀山後，托爾斯泰兄弟兩人先到薩拉托夫，然後再到阿斯特拉罕，一直沿著窩瓦河南下。先是騎馬，後來又坐船，一路飽覽了這條「俄羅斯母親河」兩岸迷人的風光。

托爾斯泰覺得，這段旅程和這種旅行方式「非常富有詩意和魅力」，「可以寫一本書」。晚年時，他還認為這是他一生中度過的最美好的時光之一。

阿斯特拉罕是個港口城市，位於窩瓦河與裡海的交匯處。托爾斯泰兄弟倆從阿斯特拉罕坐驛車前往高加索駐地。這時，一直為托爾斯泰所神往的高加索大自然終於拉開了它神祕的面紗。托爾斯泰第一次看到了大山，感到驚心動魄。在他的小說《哥薩克》中，他透過奧列寧的眼睛對此有一番入神的描寫：

第二天，清新涼爽的空氣把他從驛車上拂醒了。他漫無目的向右方望去，早晨是透徹的明淨。忽然，在距離他二十步開外的地方，乍一看去，仿佛是一群輪廓柔和的雪白的巨大的東西，它們的頂端襯著遠方的天空顯得奇異的、分明的、輕巧的邊緣。當他弄清楚他和山與天空之間離得那麼遠，群山是那麼龐大時，當他感覺到這種美是怎樣的無限時，他驚呆了：這怕是幻境、是夢境吧⋯⋯

三天後，托爾斯泰兄弟兩人結束了長達一個月的旅途生活，到達了尼古拉服役的炮兵部隊駐地斯塔洛格拉多夫。在當晚的日記中，托

爾斯泰寫下了對生活的茫然和心中湧動的寫作欲望：

「我怎麼到這裡來了呢？不知道。又為了什麼？也不知道。我想寫很多東西，寫從阿斯特拉罕到這個鎮的旅途見聞，寫哥薩克人，寫韃靼人的怯懦，寫草原……」

在尼古拉部隊駐地的附近，有一條水流湍急的捷列克河。在河的左岸有許多原始森林，稍後則散落著一些格列賓哥薩克人的村子，斯卡亞村就是其中的一個。河的右岸地勢低窪，長著茂密的蘆葦，那裡有已經歸順俄國但仍然不平靜的車臣人村莊。距離駐地不遠處的森林和峽谷中，還隱藏著許多反抗俄軍的山民。

沙俄的軍隊與高加索山民之間的對峙由來已久。從十八世紀起，沙俄就企圖兼併東高加索和北高加索地區。到十九世紀上半夜，沙俄軍隊更是加緊了對高加索山民的討伐。一八三四年，當地信奉伊斯蘭教的車臣人和達吉斯坦人推舉沙米爾為他們的宗教和軍事領袖，有組織抗擊俄軍的入侵，並屢屢獲勝。

一八四五年之後，俄軍開始以更大的規模向高加索推進。他們砍伐森林，打開通道，廣築堡壘，步步緊逼，迫使山民躲入深山峽谷之中。

然而，山民們的反抗並沒有為鎮壓下去，這裡仍然經常發生山民和哥薩克人、和俄軍士兵之間的衝突，氣氛十分緊張。

當時，托爾斯泰還不清楚這場戰爭的性質，只是認為高加索應該屬於俄國，俄軍對山民的討伐也是必要的，只是感覺採取的手段過於

殘酷。他甚至為此還設想了一個「和平政府高加索」的計畫。當然，這也只是空想而已。

來到高加索不久，托爾斯泰還跟隨一支俄軍小分隊參加了一次討伐山民的戰鬥。在這次夜間偷襲中，雙方都有傷亡。

這一切對於托爾斯泰來說，由瑪律林斯基等人的小說所激起的浪漫主義幻影很快就破滅了，他開始全身心融入到一個真實而又多彩的高加索世界中。他熱愛高加索那獨特而又迷人的風光，對哥薩克村民也產生了由衷的好感。

（二）

　　哥薩克是俄羅斯民族中一個特殊的階層。在十六世紀前後，一些不堪忍受農奴主壓迫的農民，以及一些因反抗社會而遭到迫害的人們，陸續逃亡到當時俄國的偏遠邊疆地區，並在那裡定居下來。隨著人數的增加，逐漸形成了相對自治的、既務農又習武的群體。

　　這些熱愛自由、具有反抗精神的人們，對沙俄政權構成了很大威脅，俄國歷史上兩次最大的農民起義領袖拉辛和普加喬夫都來自頓河哥薩克地區。從葉卡捷琳娜二世開始，沙皇政府對哥薩克採取了收買的政策，為哥薩克各級軍事首領封官進爵，並免去所有成年哥薩克男子的賦稅。但是，他們必須服兵役。這樣一來，哥薩克反而成為沙皇政府對內鎮壓起義、對外擴張的工具。

　　高加索一帶的哥薩克人是從頓河遷居來的，他們與當地的山民相處融洽。但沙皇政府為討伐山民，將哥薩克也拉入了戰鬥，導致哥薩克與山民的關係也緊張起來。不過，如托爾斯泰所寫的那樣，「哥薩克對殺死他們弟兄的山民騎手的憎恨，還不如對駐在那裡保護他們村莊的、但抽煙燻臭了他們房子的俄羅斯士兵的憎恨來得強烈。他們敬重敵人──山民，但蔑視俄羅斯士兵，視他們為外人和壓迫者」。

　　哥薩克人往往具有誠實質樸、粗獷善戰、勇敢豪放的性格。托爾斯泰在高加索結識的葉皮什卡老人，就是典型的下層哥薩克人。後來，托爾斯泰將他作為葉羅什卡大叔的原型寫入他的小說《哥薩克》中。

俄羅斯文壇巨星
崇尚愛與和平的托爾斯泰

　　葉皮什卡是尼古拉的房東，村裡人都稱他為葉皮什卡大叔。托爾斯泰兄弟都很喜歡他，愛聽他唱歌和彈三弦琴，更喜歡他一邊喝酒，一邊滔滔不絕講述過去的經歷和昔日哥薩克的生活。

　　很快，托爾斯泰就與葉皮什卡大叔成了朋友，兩人經常一起喝酒聊天，一起外出打獵。在談到自己的人生時，葉皮什卡大叔說：

　　「我一生中從來沒有憂傷過，將來也不會憂傷……人死了，不過是墳頭長草。死期到了，我就去休息，不再打獵；而活著時，我就唱歌、遊逛，讓心情舒暢。」

　　老人與大自然的接近和豁達的生活態度，給托爾斯泰留下了深刻的印象。後來托爾斯泰在離開斯卡亞村時，與老人深情話別，還送給老人一件飾有絲帶的大衣。

　　在高加索時，托爾斯泰還認識了一位年輕的小夥子薩多·蜜雪兒比耶夫。薩多出生於富裕家庭，他的父親非常富有，但又相當吝嗇，寧可把錢藏在地窖裡，也不給兒子。薩多需要錢時，就到敵人那裡去偷馬匹和牛。他這樣做並不是貪心，而是因為這是「首要之事」。最大的強盜，最受尊敬，所以薩多還被他周圍的人稱為勇士。

　　薩多經常到托爾斯泰所在的軍營中玩牌，那些俄國軍官們總是捉弄他。托爾斯泰看不過去，多次幫他識破騙局，因此贏得了薩多的信任，兩個人也結交為好友。

　　托爾斯泰剛到高加索不久，就因為賭博而輸了一大筆錢。由於當時無力全額償還，他只好開具期票。在高加索，托爾斯泰經常因為債

第五章 高加索的戎馬生涯
（二）

務而苦惱，甚至打算拍賣掉波利亞納的部分產業來還債。

這件事不知怎麼被薩多知道了。幾天後，托爾斯泰收到了大哥尼古拉的來信，尼古拉在信中告訴他：

「薩多前幾天來看過我，他從諾林那裡贏到了你的期票，把它們帶給了我。他非常高興，並且不斷問我：『你覺得怎麼樣？我這樣做，你弟弟會不會高興？』他對你真是很有情義，我現在非常喜歡他了。」

這件事讓托爾斯泰非常感動，他始終都不能忘記這位勇敢、爽直、赤誠相待的朋友。

（三）

在高加索的大自然和普通人的接近，讓托爾斯泰對生活有了全新的認識。他曾經生活過的貴族社會似乎已經離他遠去，他開始相信，「幸福的生活就在大自然中」，像普通人那樣生活。當時的托爾斯泰甚至嚴肅考慮過，要「扔掉一切，在哥薩克人中間落戶，買一所小房子和幾頭牲口，娶一個哥薩克姑娘為妻」。可以說，這正是托爾斯泰平民化思想的發端。

但是，托爾斯泰的出身、地位和過去生活的經歷，讓他又不可能完全與普通哥薩克人的生活融在一起，他的美好願望只能是個幻影。

在這種矛盾的心態之下，托爾斯泰決定參軍，到軍隊中去建功立業。於是在一八五二年一月，他正式入伍，成為一名炮兵軍士。同年三月，托爾斯泰獲得了士官的任命書。

然而，軍隊的生活也沒有給托爾斯泰帶來真正的快樂。他周圍的那些軍官大多粗野放蕩，整天酗酒、賭博，過著糜爛的生活。托爾斯泰雖然偶爾也放縱一下自己，但在精神上卻與那些人格格不入，內心十分孤獨。而那些軍官們也將他視為怪人，當年一位曾與托爾斯泰共事的軍官回憶說：

「他很高傲，別人都在飲酒作樂，他卻一個人坐著一旁看書。以後，我還不止一次看到他——他還是在看書。」

在那個時期，托爾斯泰確實看了不少書，也思考了許多問題。他

仍然堅持著過去那種自我剖析的習慣。可以說，年輕的托爾斯泰仍然在頑強提高自我和探索人生。

對托爾斯泰來說，在高加索生活的幾年中，最大的收穫就是確立了他畢生都要為之奮鬥的事業——文學創作。這一時期，他除了大量閱讀作品和隨時記錄高加索的生活印象之外，開始將更多的精力投入到寫作之中。

在剛到高加索一個月時，他就在自己的日記中記錄道：

「明天開始寫一部長篇小說。」

托爾斯泰所說的這部「長篇小說」，就是他在莫斯科時就已著手構思和動筆的《童年》。此後一年，他一直都在認真創作。

托爾斯泰給自己制訂了一些創作原則，如不從善良、聰明、愚蠢等抽象概念去描寫人的性格，而是從活生生的印象中去寫具體的人。在創作時，也必須真誠，聲音要發自自己的肺腑，哪怕這種聲音是最平凡的，這樣才具有打動人心的力量；必須刪掉作品中一些不清楚、瑣碎和不恰當的地方，即使它看起來很不錯；必須拋棄寫作不加修改的念頭，多改幾遍也無妨；等等。

《童年》的寫作並不順暢，托爾斯泰總是感覺有不滿意的地方，有時甚至認為「寫得簡直太差了！文字太粗，思想太少，還有無法原諒的空洞」；然而有時他又心花怒放，覺得「寫得不錯，有不少精彩的地方」。

一八五二年七月二日，在經過四易其稿後，《童年》這部小說終

俄羅斯文壇巨星
崇尚愛與和平的托爾斯泰

於完成了。第二天，托爾斯泰就將稿子寄給了彼得堡最好的月刊《現代人》雜誌編輯部，作者署名是「列·尼」。他在給雜誌主編、詩人涅克拉索夫的信中說：

「我翹首盼望您的裁定，您的裁定要麼是鼓勵我繼續從事我所熱愛的事業，要麼就是將我的全部手稿付之一炬。」

等待是煎熬的，托爾斯泰每天都度日如年。八月二十九日，托爾斯泰終於收到了涅克拉索夫的回信。信中寫道：

作品已經拜讀。它寫道十分有意思，因此我決定採用。……在我看來，作者是有才華的。無論如何，作者的思想傾向、故事內容的質樸和真實性都是這部作品不可多得的優點……

所以，我請求您將續稿寄給我。無論是您的小說或是您的才華，都引起了我的興趣。我還建議您，不要再用簡寫字母來掩蓋自己，請乾脆用您自己的真實姓名來發表文章，如果您不是一位偶臨文壇的過客的話。

這封回信讓托爾斯泰欣喜若狂，他甚至在收到編輯的來信後，「興奮得像個傻子」。毫無疑問，作為當時俄羅斯文學界享有盛名的著名詩人和雜誌主編，涅克拉索夫誠摯和恰如其分的評價與鼓勵，有力地消除了長期以來托爾斯泰對自己文學才華的疑惑，也堅定了托爾斯泰從事文學創作的決心。

不久，《現代人》雜誌第九期（一八五二年十一月版）上就刊出了托爾斯泰的小說《童年》，題目改為《我童年的故事》。

第五章 高加索的戎馬生涯
（三）

　　小說一經刊出，立即在俄羅斯引起很大的轟動，許多報紙和雜誌都紛紛刊登文章讚揚。《祖國記事》雜誌的一篇文章說：

　　「如果這是列·尼先生的第一部作品，那麼，不能不祝賀俄羅斯文壇上又出現了一位出眾的才子。」

俄羅斯文壇巨星
崇尚愛與和平的托爾斯泰

第六章 戰爭期間的巨變

　　不要把學問看做是用來裝飾的王冠，也不要把學問
看做是用來擠奶的奶牛。

——托爾斯泰

俄羅斯文壇巨星
崇尚愛與和平的托爾斯泰

（一）

《童年》的成功，大大激發了托爾斯泰的創作欲望。此後，他的創作熱情一發而不可收拾，新的題材不斷在腦海中湧現，形象也日漸鮮明，一些意念逐漸變成結論。

一八五二年秋冬時節，托爾斯泰的手頭已經有好幾個寫作計畫了。他想寫高加索的生活，將自己在高加索的所見所聞訴諸於文字；他想寫正在進行的戰爭，描述自己參與戰鬥的真實感受；他還十分想「開始寫那個決定堅決寫下去的續篇——《少年》」。

在後來的日子裡，這些設想陸續變成現實。當時，他最先完成的是短篇小說《襲擊》，刊載於《現代人》雜誌一八五三年第三期上。

小說以作者親身經歷的一次戰鬥為情節基礎，成功塑造了一些不同類型俄國軍人的形象，抨擊了毫無意義的殘殺。

這篇小說再次獲得了涅克拉索夫的高度評價。他在致俄羅斯著名現實主義作家屠格涅夫的信中寫道：

「這是俄國文學中前所未有的傑作，多麼美妙啊！」

在一八五二年冬到一八五四年春，托爾斯泰還完成了短篇小說《檯球房記分員筆記》，以及《一個俄國地主的故事》、《逃亡者》、《耶誕節之夜》、《伐林》等作品。不過，他還是將主要精力投入到《少年》的創作中了。因為托爾斯泰認為，「寫《少年》像寫《童年》一樣興致勃勃，希望寫出來也一樣好」，要寫出「那些生動而牢固的留在我

記憶中的東西」。

一八五四年四月，這部傾注了托爾斯泰很大熱情的作品終於完成了。隨後，他將這部作品寄給涅克拉索夫，並刊載在《現代人》雜誌該年的第十期上。

在這部作品中，作者以卓越的技巧描寫了主角伊爾切耶夫的精神成長過程。同樣，這部作品也在社會上引起了巨大回響。屠格涅夫在一封信中寫道：

「《少年》的成就讓我感到十分高興，……我堅信，他還會創作出更多讓我們所有人都驚異不已的作品來。他是一位一等的天才。」

這時，托爾斯泰已經對高加索的軍隊生活越來越厭倦了。他想自由自在從事文學創作，因此也非常懷念亞斯納亞波利亞納的田園生活。

在一八五三年三月底，托爾斯泰遞交了退役申請。但僅僅半個月後，形勢出現突變，俄國對土耳其宣戰。六月，沙俄出兵占領了土耳其控制的摩爾達維亞和瓦拉幾亞。克里米亞戰爭爆發了。

由於這場戰爭，軍隊中所有的退役和請假申請都被擱置下來。於是，托爾斯泰又打了報告，要求調往多瑙河地區的作戰部隊。這次他的要求被批准了。

一八五四年一月，托爾斯泰結束了他長達兩年的高加索軍隊生活。這段經歷在托爾斯泰的人生道路上留下了深深的印跡，正如托爾斯泰本人所說的那樣，高加索對於他而言是一所生生活的學校，「那時我所探索到的一切就永遠成為我的信仰了」。

（二）

在前往多瑙河部隊報到之前，托爾斯泰決定先回一次故鄉。高加索距離波利亞納有兩千多公里，當時正值嚴冬季節，東歐平原上到處都被冰雪所覆蓋，令這一段回鄉的跋涉格外艱難。

有一次，托爾斯泰在頓河平原上遇到了暴風雪，馬車迷了路，漫無目的在風雪中走了一夜，處境十分危險。直到天亮後，他才在附近找到一個驛站。後來，根據這一夜的遭遇，托爾斯泰寫成了小說《暴風雪》。

兩週後，托爾斯泰困頓不堪回到了亞斯納亞·波利亞納。這時，他得知自己已經晉升為準尉。雖然年輕時的托爾斯泰渴望成為一名軍官，但如今他對這一切看得卻很淡了。

托爾斯泰的歸來，讓塔基亞娜姑媽欣喜萬分。三年不見，托爾斯泰已經發生了巨大的變化，不僅外貌變得結實了，心理也像個成年人了。而且，他還發表了作品，獲得了好評；更為重要的是，他當上了軍官，有了地位。

幾位兄長和一些親友聽說托爾斯泰回來後，也都紛紛來到波利亞納莊園與他見面。而後，托爾斯泰又與哥哥們一起到莫斯科拜會了一些老朋友。從莫斯科回來後，他又去波克羅夫斯基科耶莊園看望妹妹瑪莎和妹夫，以及幾個外甥，並在那裡見到了比拉蓋亞姑媽。

回到自己心愛的莊園，與闊別多年的親人團聚，這一切令托爾斯

泰的內心充滿了喜悅和對往事的甜蜜回憶。

　　在家鄉住了一個月後，托爾斯泰於一八五四年三月初起程前往多瑙河部隊報到。這是一段更加漫長和艱難的旅程。經過幾千公里的長途跋涉後，托爾斯泰於三月中旬到達布加勒斯特。

　　稍事休息後，托爾斯泰就趕赴第十二炮兵旅的駐地奧爾特尼查。不過，他只在這裡待了兩週，隨後就被調往布加勒斯特擔任司令部的傳令官。

　　在五六月間，托爾斯泰又隨司令部來到西里斯特里亞，準備參與攻擊該地區由土耳其人占領的要塞的戰鬥。但不久後，沙俄便因奧地利和法國的壓力，被迫下令撤出對該要塞的包圍。托爾斯泰並不清楚這件事的幕後交易，因此對放棄這次必勝無疑的戰鬥感到相當失望。

　　雖然身處前線，但托爾斯泰在布加勒斯特卻度過了幾個月十分平靜的日子。在那段日子中，他閱讀了不少文學作品，如巴爾札克、薩克萊、斯托夫人的小說，普希金、海涅、歌德等人的詩，席勒、奧斯特洛大斯基的劇作等。

　　不過，這期間托爾斯泰在創作時卻是「一籌莫展」，即使寫一點東西出來，他也常常感到不滿意。造成這一狀況的原因，除了他的健康狀況不佳外，主要是他又開始賭博了。為此，托爾斯泰的內心處於十分矛盾和痛苦之中。

　　九月初，托爾斯泰被晉升為中尉，調往基什尼奧夫。在基什尼奧夫期間，托爾斯泰曾試圖與他人一起合辦一個名叫《士兵之頁》的刊

物。按照托爾斯泰的設想，這將是一個不同於官方刊物的、能真正「表達我們軍界的思想傾向」，並在「價格和內容」上能為士兵所接受的軍事雜誌。

為了籌集經費，托爾斯泰甚至讓領地總管瓦列里安將波利亞納莊園中他出生的那幢三層木質樓房賣掉了。因為在他看來，出版軍人刊物是一件非常有意義的事，而且刻不容緩。

但最終，雜誌因沙皇政府的禁辦而夭折了。為此，托爾斯泰感到非常氣憤和痛心。後來在一次賭博中，托爾斯泰竟然將賣房匯來的一千五百盧布全部輸光了。這讓托爾斯泰又一次懊悔不及。

（三）

這時，克里米亞戰爭已經進入一個新的階段。戰爭的中心在克里米亞半島俄國重要陸海軍基地塞凡堡。十一月七日，托爾斯泰被調往塞凡堡，擔任第三輕炮連的連長。

塞凡堡是俄國重要的海軍基地和在黑海方面的屏障，這裡戰事的成敗決定著俄土戰爭的命運，因此戰事十分激烈。

托爾斯泰一來到這裡，就被強烈的愛國熱情所吸引了。他在給二哥謝爾蓋的信中寫道：

軍隊的士氣十分高昂，非筆墨所能描述，就連古希臘時代也不曾有過這樣的英雄主義。科爾尼洛夫在巡視部隊時，他不是讚揚：「兄弟們，打得好！」而是說：「要拚命！弟兄們，你們敢拚命嗎？」隊伍立刻就高聲喊道：「我們敢，大人！」

我們這樣說，絕不是裝模作樣，因為從每個人的臉上都能看出，這不是戲言，而是肺腑之言。而且，已經有二點一萬人履行了自己的誓言。

有一個垂死的傷兵，告訴我他們怎樣占領了法軍的第二十四號炮台，可是沒有增援部隊。說著說著，他就痛哭起來。一連的水兵冒著敵人的炮火在一個炮台上堅守了三十天，當上級要將他們撤換下來時，他們幾乎要造反！士兵們從落在地上的炮彈中拔出信管；婦女們紛紛給士兵們送水；神父們舉著十字架走上稜堡，迎著炮火頌讀祈禱文。

俄羅斯文壇巨星
崇尚愛與和平的托爾斯泰

在第二十四旅中，就有一百六十名傷患不肯離開前線。這可真是一個了不起的時代！

　　士兵的愛國激情讓托爾斯泰深深震撼。但與此同時，他也發現了俄國現存制度和軍隊內部的腐敗，這讓他感到痛心疾首。他在和英法軍隊的俘虜交談後感到，俄國軍隊落後於對方的不僅是武器裝備和訓練手段，更主要的是精神面貌和文化素質。因此，托爾斯泰斷言：

　　「俄國要麼必定敗亡，要麼必定徹底革新。」

　　一八五五年一月，托爾斯泰又被調往駐守在別爾別克河畔的第十一炮兵旅第三炮兵連。剛到駐地不久，他就接到了沙皇更迭的消息。沙皇尼古拉一世去世，新皇亞歷山大二世登基，讓托爾斯泰感到興奮，他對亞歷山大二世的上台抱著某種希望。他覺得，俄國即將發生偉大的轉變，所以必須努力工作，振奮精神。

　　為此，托爾斯泰立即著手擬定軍隊的改革方案。雖然這篇手稿未能完成，但托爾斯泰卻認真分析了俄國戰事節節失利的原因，尖銳抨擊了軍隊內部的腐敗現象，並提出了自己的改革設想。

　　與此同時，托爾斯泰又產生了新的創作欲望。他夜以繼日寫作《青年》和《塞凡堡的白天與黑夜》。後來，《塞凡堡的白天與黑夜》改為《十二月的塞凡堡》，在該年第六期的《現代人》雜誌上刊出。

　　四月七日，托爾斯泰所在的連隊被調到塞凡堡最危險的第四稜堡，並在那裡度過了一個半月。

　　就在與敵軍相距咫尺的前線陣地上，托爾斯泰參加了一次又一次

激烈的戰鬥，其中還包括五月一日的一次異常殘酷的大會戰。

在戰鬥的間歇，托爾斯泰給士兵們講故事，教他們唱歌，緩解了戰場上士兵們的緊張情緒。托爾斯泰在塞凡堡的一位同僚說：

「托爾斯泰講的故事和譜寫的歌詞，在艱苦的戰鬥時刻鼓舞了我們每一個人。他是堡壘中名符其實的靈魂。」

（四）

一八五五年八月五日，英法等國的聯軍開始向塞凡堡發起猛攻，並於八月二十七日占領了馬拉霍夫高地，俄軍被迫撤退，托爾斯泰和他的炮連一直堅持到最後。

後來，托爾斯泰在寫給塔基亞娜姑媽的信中說：

「二十八日，我過生日的那一天，……當我目睹了火焰圍困中的城市，看到法國的旗幟乃至法國軍官在我們的稜堡中時，我哭了。」

此後不久，托爾斯泰在創作的一部小說《一八五五年八月的塞凡堡》中，這樣描寫了塞凡堡失守時的情景和士兵們的心情：

在塞凡堡稜堡的整條戰線上，多少個月來一直沸騰著鬥志昂揚的生活，多少個月來都令敵人恐懼、憎恨，乃至於欽佩的塞凡堡的稜堡上，現在已經看不到人影了。一切都是死氣沉沉的、荒漠的、可怕的——但並不沉寂，破壞仍在進行……

塞凡堡的軍隊，像黑夜中波動的大海，匯合、分散，憂心忡忡擠成一堆，在海灣的浮橋上，在北部，在伸手不見五指的黑夜中，慢慢移動著，離開這個留下了這麼多勇敢的弟兄們的地方，離開這個他們灑遍了熱血的地方，離開了十一個月來一直抵抗著力量兩倍於我們的強敵，而現在卻奉命不戰而退的地方……

然而，這篇小說在刊載後，其真實性和尖銳性使沙皇檢查機關十分害怕。為此，他們對小說作了肆無忌憚的刪減，有的部分被弄得面

目全非，以致編輯部在發表時都不願意再署上作者的名字。

托爾斯泰知道這件事後，非常氣憤。他在日記中寫道：

昨天有消息說，《夜》（指《一八五五年八月的塞凡堡》）被歪曲得不成樣子，並且發表了。看來藍衣黨（指憲兵）很注意我，因為我寫了那些文章。但願俄國能時時都有這樣重道德的作家。我無論如何不可能做一個說甜言蜜語的作家，也不可能去寫沒有思想，主要是沒有目的的無聊的空話。

俄土戰爭的失敗，導致了社會矛盾的激化。受社會情緒的感染，托爾斯泰產生了不少新的想法。他想改變自己與領地農民的關係，想「創立一種與人類發展相適應的新宗教」，更想全身心投入到文學創作中去。

對於托爾斯泰的這一想法，屠格涅夫非常支持。他在給托爾斯泰的信中說：

「您的天職就是成為一名文學家、思想家和語言的藝術家。您的武器是筆，而不是軍刀。」

一八五五年十一月，已經晉升為中尉的托爾斯泰以軍事信使的身分前往彼得堡。儘管當時托爾斯泰還未脫下軍裝，但他的戎馬生涯實際上已經至此結束了。

俄羅斯文壇巨星
崇尚愛與和平的托爾斯泰

第七章 結識友人與解放農奴

不知道並不可怕和有害，任何人都不可能什麼都知道，可怕的和有害的是不知道而假裝知道。

——托爾斯泰

俄羅斯文壇巨星
崇尚愛與和平的托爾斯泰

（一）

西元一八五五年十一月十九日早晨，托爾斯泰到達了彼得堡。由於托爾斯泰的妹妹瑪莎與屠格涅夫相識，並在信中做了安排，所以托爾斯泰決定先去拜訪一下屠格涅夫。

兩個人一見面，就緊緊擁抱在一起。雖然這是他們的初次會面，但彼此對對方的作品都已十分熟悉，並相互景仰。

當天，托爾斯泰還在屠格涅夫的陪同下拜訪了涅克拉索夫。在涅克拉索夫家中，三人一起吃了晚飯，一直談到晚上八點多。

托爾斯泰不想在彼得堡定居，只想住一個月，認識一些彼得堡的作家，屠格涅夫邀請托爾斯泰住在自己寓所的。這樣，托爾斯泰初到彼得堡期間就住在屠格涅夫家裡。

在屠格涅夫和涅克拉索夫的介紹下，托爾斯泰很快就結識了一大批馳名文壇的詩人、劇作家、小說家和文學評論家，比如皮謝姆斯基、德魯日寧、奧斯特洛夫斯基、車爾尼雪夫斯基、格里格洛維奇、費特等。當然，其中最為出類拔萃的還是屠格涅夫，那時他已經蜚聲俄國文壇了。托爾斯泰與這些人中的不少人都成了好朋友，相交甚篤。

托爾斯泰最初給大家的印象是不錯的。比如在十一月二十一日，涅克拉索夫在給鮑特金的信中就寫道：

「托爾斯泰已經來了。他是個非常可愛的人，也是個非常聰明的人。他親切可愛，朝氣蓬勃，優雅大度，是個鷹一般的青年！我覺得，

第七章 結識友人與解放農奴
（一）

他的人品要比他寫出來的東西更高超，儘管他的作品已經很出色了。他充滿了朝氣，而且溫文寬厚，他的目光使人感到舒服。我十分喜歡他。」

然而，也許是剛剛從緊張的戰爭回到輕鬆和平的環境中，也許是為彌補在高加索和塞凡堡的損失，托爾斯泰在到彼得堡後，又開始頻繁出入社交界，或周旋於上流社會的客廳，或通宵達旦地在吉普賽人家喝酒，或到貴族們出入的娛樂場所看戲、跳舞、聽音樂。

托爾斯泰的這種放浪形骸的生活令包括屠格涅夫在內的許多文友頗感失望。詩人費特後來回憶說：有一天的上午十點多，他到屠格涅夫家裡拜訪，見到托爾斯泰正在客廳裡酣睡。為了不吵醒托爾斯泰，兩個人只能壓低聲音說話。屠格涅夫面帶嘲諷的笑容說：

「你看，他幾乎天天如此。自從從塞凡堡回來後，他住在我這裡，開始沉湎於荒唐的生活。狂飲、賭博，通宵達旦！回來後，倒頭便睡，一直睡到下午兩點。我曾竭力勸過他，可如今我已不再抱任何希望了。」

不過，儘管如此，屠格涅夫還是認為托爾斯泰「的確有許多可敬之處……如果他不糟蹋自己的天才，那麼，他就會不知不覺把我們這些人遠遠拋在後面」。

而托爾斯泰可貴之處，也在於他不斷無情的剖析自己，鍥而不捨要求自己在道德上追求完美。他在當時的日記裡就曾說過：

「我的主要弱點是懶惰、不整潔、好色、愛賭，要加以克服。」

他對自己在彼得堡的這段生活也是十分不滿意的。他在回憶錄中說：

「在這段時間裡，我的所作所為都是極其醜惡的。我在彼得堡出入交際場所，滿懷虛榮心。」

甚至到了晚年，他也不願回憶起這段生活。

（二）

一八五六年一月，托爾斯泰在彼得堡無憂無慮的生活被打斷了。從奧勒爾來信說，他的三個德米特里染上了肺癆，生命垂危。

托爾斯泰急忙離開彼得堡，趕往奧勒爾。一路上，他的心情極其沉重。托爾斯泰對三哥的感情非常深厚，並且對哥哥的品德極為尊重。德米特里同情弱小者，反對農奴制度，希望能夠造福他人。但他的性格又比較古怪，曾不顧當時社會和家庭的反對，從妓院中贖出一個姑娘，並與其結婚。不久，他就患上了肺癆，回到鄉下，一直在奧勒爾養病。

當托爾斯泰感到奧勒爾時，德米特里已經被病痛折磨得脫了形。他不停咳嗽、吐痰，可他又不相信自己會死亡。托爾斯泰給他帶來了一個據說能創造奇蹟的聖象，希望它能帶給自己的哥哥好運。

不過，托爾斯泰並沒有在奧勒爾等到德米特里去世，他在那裡住了幾天後便返回了彼得堡。二月二日，托爾斯泰剛到彼得堡不久，就傳來了德米特里去世的消息。

這個消息對托爾斯泰的觸動很深。他在當天的日記中寫道：

「從明天起，要珍惜時光，以便在回首往事時心中坦然。」

此後，托爾斯泰重新投入到文學創作中。在這期間，除了繼續寫作幾部未完成的作品外，托爾斯泰還創作了小說《暴風雨》和《兩個驃騎兵》，並分別在《現代人》雜誌該年的第四期和第五期發表。

俄羅斯文壇巨星
崇尚愛與和平的托爾斯泰

　　這兩部小說再次贏得了好評。赫爾岑稱《暴風雪》簡直就是個「奇蹟」；車爾尼雪夫斯基則對《兩個驃騎兵》倍加讚賞。

　　與此同時，托爾斯泰與彼得堡文學界的朋友們繼續保持著頻繁的交往。一八五六年二月，他還建議所有與《現代人》雜誌合作的作家合影留念。其中在一起留念的幾位作家包括屠格涅夫、岡察洛夫、奧斯特洛夫斯基、德魯日寧、格里格洛維奇和托爾斯泰。這張合影也為後人留下了彌足珍貴的紀念。

　　遺憾的是，托爾斯泰與屠格涅夫的關係逐漸出現了裂痕。屠格涅夫以溫文爾雅的西歐氣質著稱。他雖然只比托爾斯泰年長十歲，但對托爾斯泰卻懷有一種父子般的感情，一直想保護和幫助這位初出茅廬的年輕作家。但是，自幼失去雙親的托爾斯泰年輕、急躁，不希望受到任何羈絆，更不能忍受一些虛禮俗套。所以，他接受不了屠格涅夫對他的那種居高臨下的態度；而屠格涅夫對托爾斯泰那些與社會輿論和傳統以及通常的禮節相抵觸的輕率言論也感到不滿。

　　在朋友們當中，誰說話最有權威，托爾斯泰就越強烈與其發表相左的意見，並和對方激烈爭論起來。一般情況下，托爾斯泰開始時不發表議論，而是靜靜聽對方說話。等對方說完了，他就接連迸發出出人意料的見解，令對方張口結舌，不知所措。有時，托爾斯泰的話近似粗魯，在情緒激動時，他甚至會說出很不中聽的話。

　　托爾斯泰的激烈言論激怒了屠格涅夫和不少同仁，就連涅克拉索夫都覺得無法接受了。涅克拉索夫認為，這是因為托爾斯泰的身上還

第七章 結識友人與解放農奴
（二）

留有「貴族和軍官影響的痕跡」；屠格涅夫認為，這是由於托爾斯泰缺乏教養；巴納耶夫則認為，這是托爾斯泰擯棄一切傳統的表現。

　　雖然托爾斯泰的一些做法有欠公允，但也只是他基於自己對生活和藝術的各種認識而提出的看法而已，他的態度是真誠的。而且，托爾斯泰是直指彌漫文壇的對權威的盲從、自詡為導師的虛偽和誇誇其談的作風的。也正因為如此，不少文壇人士對托爾斯泰逐漸有了更深一層的了解，並且「對他的仰慕之情默默的、不知不覺的日益加深了」。

（三）

一八五六年三月間，新沙皇亞歷山大二世在向貴族致辭時說，農民的解放總有一天是要實行的，「以其將來自相而上，不如現在自上而下」。所以在內政部，逐漸解放了個別地主所有農奴的計畫，擬定並獲得了批准。而托爾斯泰是第一批想盡辦法實施這一計畫的人。

四月二十二日，托爾斯泰在他的日記中寫道：

「我和我的農奴的關係開始讓我煩惱了。我感到必須學習、學習、再學習。」

可農奴到底如何解放？托爾斯泰也並不清楚。當時他還在彼得堡，二十三日晚上，他就去請教了歷史學家、法學家，彼得堡大學的教授卡維林。

卡維林是一位農奴解放的贊助者，他關於將土地分給農民，地主相應地獲得酬金的主張對托爾斯泰很有啟發。

托爾斯泰從卡維林那裡拿回了大量關於農奴制的材料。四月二十四日，根據卡維林的主張，托爾斯泰制訂了一個方案。二十五日，又去找後來成為著名農民問題改革活動家的米柳京。在米柳京那裡，他又打聽到許多情況，並得到了一份解放農奴的方案。就農奴解放的一些具體問題，托爾斯泰當天便寫信給內務大臣助理列夫申。

五月六日，托爾斯泰再次拜訪了米柳京，米柳京答應設法使列夫申接見他。五月十日，托爾斯泰寫好了給列夫申的報告，並陳述了其

解放亞斯納亞·波利亞納農奴方案的要點。

五月十二日，托爾斯泰在米柳京的帶領下拜訪了列夫申。列夫申告訴他，他已將托爾斯泰的報告向大臣報告過了，大臣說：如果托爾斯泰能提出詳細的方案，他將盡量予以批准。

這個結果給了托爾斯泰很大的信心，他決定繼續研究方案。

五月十六日，托爾斯泰得到休假，第二天就去了莫斯科，並在那裡逗留了十天。在莫斯科，他拜訪了著名作家鮑特金，並結識了《祖國記事》雜誌的編輯們。

在老朋友康斯坦丁的陪同下，托爾斯泰和朋友們一起驅車前往莫斯科近郊的格列鮑沃·斯特列涅沃莊園，探望了康斯坦丁的姐姐、托爾斯泰兒時的女性好友呂波芙。這時，她已經成為宮廷醫生貝爾斯博士的妻子，並有了三個女兒：莉莎、索尼婭和塔尼婭。

在日記中，托爾斯泰記下了對這幾個女孩子的初步印象：

「在呂波奇卡·貝爾斯那裡吃飯，姑娘們伺候著我們，這是多麼熱情、多麼可愛的少女啊！」

托爾斯泰沒有想到，六年之後，這些快樂的少女中的第二個成為了他的終身伴侶。

五月二十七日，托爾斯泰因為掛念亞斯納亞波利亞納的農奴問題，便急著返回故鄉，去實現他熱衷的解放農奴的事業。

第二天，托爾斯泰回到亞斯納亞波利亞納後馬上就召集村民大會，公布了他的解放農奴方案。他的方案大致內容是：免除農奴的一切徭

役貢賦，將土地分給農奴，每戶約可分四點五俄畝（約合十二英畝），其中零點五俄畝不收費，其餘四俄畝則每俄畝由農奴支付一百五十盧布，三十 年付清，以後土地就完全歸農奴所有。由村社負責收款，如有拖欠，地主可收回若干土地，也可由農奴做工補償。農奴只要在合約上簽字，即可立刻獲得自由。

一開始，農民們都很高興，托爾斯泰也覺得事情進展得很順利。可幾天後，情況起了新變化，讓農民們對托爾斯泰的方案遲疑了。因為當時農民們聽到謠言，說到沙皇亞歷山大加冕之日，農奴無需簽約就可全部獲得自由。所以，他們都認為托爾斯泰的計畫是別有用心的圈套，是為了事先用契約捆住他們的手腳。

儘管托爾斯泰極力向農奴們解釋自己的誠意，但卻沒人相信他。托爾斯泰失望了，他在日記中寫道：

「他們不想要自由。他們的固執讓我生氣，我好不容易才壓住自己的怒火。」

由於農奴們堅決不肯在合約上簽字，托爾斯泰的計畫成了泡影。農奴改革的再次失敗也讓托爾斯泰更加深刻認識到農民和地主之間難以逾越的鴻溝。

第八章 出國旅行

個人離開社會不可能得到幸福，正如植物離開土地
而被扔到荒漠不可能生存一樣。

——托爾斯泰

俄羅斯文壇巨星
崇尚愛與和平的托爾斯泰

（一）

解放農奴的失敗，讓托爾斯泰再次陷入痛苦之中。此時他感到，醫治他心靈創傷和讓他的生活走向正軌的唯一方法，就是結婚。

可是，要和誰結婚呢？多年的散漫生活總是讓他心有餘悸。但一直這樣下去也不是辦法，總要試試才行吧。

塔基亞娜姑媽很贊同托爾斯泰的想法，她很快就替托爾斯泰物色好了一個物件。她就是離波利亞納不遠的阿爾謝尼耶夫家中的大女兒瓦列莉亞。

阿爾謝尼耶夫家的莊園距離波利亞納只有七俄里，那是一座古老而舒適的莊園。這年夏天，托爾斯泰與瓦列莉亞開始頻繁接觸。然而幾乎從他們交往的第一天開始，托爾斯泰就對瓦列莉亞的一些方面，特別是某些品行方面感到不太滿意。

正當托爾斯泰猶豫不決時，他看到了瓦列莉亞從莫斯科給塔基亞娜姑媽寫來的信。信中談到了他們參加沙皇加冕典禮時的愉快感受，以及對沙皇侍從官的良好印象等。

托爾斯泰讀完信後，頗感氣惱。他立即以嘲諷的口吻給瓦列莉亞寫了一封信，告誡她大可不必將華麗的衣著、上流社會和朝廷的侍從官等視為自己至高無上的幸福，因為上流社會有許多「惡劣的東西。你明明不是上流社會的人物，你和它的關係只是依賴你那漂亮的臉蛋和帶花的洋裝，這絕對不會愉快，也不會莊重。至於朝廷中的副官

第八章 出國旅行
（一）

們……我確實知道其中只有兩個不是流氓、不是傻子，從他們那裡有能得到什麼快樂呢？」

此後，瓦列莉亞幾次想恢復與托爾斯泰的關係，但都未能成功。不久，她就出嫁了。

一八五六年時，俄國社會尖銳的思想鬥爭在文藝界引起了強烈的回響。托爾斯泰再次來到彼得堡後，發現《現代人》雜誌社同仁們之間的矛盾已經表面化了。

《現代人》雜誌因一直以來堅持進步的文學方向，在讀者中享有很高的聲望，並吸引了許多才華橫溢的作家。但是，雜誌同仁以德魯日寧為首的貴族自由派和以車爾尼雪夫斯基為首的革命民主派產生了嚴重的思想對立。不久，德魯日寧退出《現代人》雜誌，另行創辦了《讀者文庫》，使之成為與《現代人》對立的貴族自由派陣地。

這時，托爾斯泰雖然同情農奴，主張農奴改革，但他依然十分強調維護貴族地主階級的利益，因此無形當中也與德魯日寧等人更為接近。在德魯日寧的影響下，托爾斯泰也一度站在革命民主主義作家的對立面，認為他們的不妥協態度過於尖刻和兇狠；他還與德魯日寧一樣，懷疑進步的俄國文學方向。

作為一位影響很大的年輕作家，托爾斯泰的言行引起了俄國進步文學界的不安，車爾尼雪夫斯基非常擔心托爾斯泰的才華會毀於那些「文學上的美食家」之手。因此，他覺得應盡可能爭取托爾斯泰，「對他取得一定的影響力，而這無論對他或者對《現代人》來說都是件好

俄羅斯文壇巨星
崇尚愛與和平的托爾斯泰

事」。

在一八五六年第十二期的《現代人》雜誌上，刊載了車爾尼雪夫斯基對托爾斯泰小說的長篇評論。在這篇文章中，車爾尼雪夫斯基高度評價了托爾斯泰的藝術才華，準確揭示了他的創作特點，並有力駁斥了將托爾斯泰說成是「純藝術的愛好者」的觀點。

在文章的結尾，車爾尼雪夫斯基還用抒情的語調寫道；

擁有這種才華是一個生命力充沛的年輕人，他有遠大的前程——在前進的道路上，他會遇到許多新的東西，許多新的情感也會激蕩他的心胸，許多新的問題將會打動他的思想——這是我們文學界多麼美好的希望。他的作品又將從生活當中獲得多麼豐富的素材啊！我們可以預言，迄今為止，托爾斯泰伯爵給我們文學的一切，都只不過是他今後成就的保證；但是，這種保證又是多麼豐富和美好啊！

革命民主主義作家車爾尼雪夫斯基的這種做法，無疑對托爾斯泰產生了很大的影響。此後，他開始逐漸與德魯日寧等人的理論疏遠起來，雖然完全擺脫還需要一些時日。同時，他對車爾尼雪夫斯基也有了好感，認為他「是個聰明而熱心的人，很可愛」。

一八五六年十二月二十六日，托爾斯泰等待已久的退伍請求終於得到批准。這時，他基本上已經無牽無掛了：同軍隊完全脫離了關係，不必受軍職的約束；與瓦列莉亞的關係已經結束，結婚的念頭暫時也放下了；解放農奴的雄心以失敗告終，不再成為困擾他的大事。為此，他決定出國旅行，藉以擴大自己的視野，獲得新的生活感受，尋找新

的創作靈感。

當車爾尼雪夫斯基得知托爾斯泰即將出國的消息後，專程來拜訪了托爾斯泰。同時，車爾尼雪夫斯基在給涅克拉索夫的信中表示，希望出國旅行可以「剝掉」托爾斯泰「那層精神外殼，因為這層殼的害處他似乎已經了解到了」。

一八五六年十二月，《祖國記事》上刊出了托爾斯泰的中篇小說《一個地主的早晨》。次年一月，《現代人》又發表了托爾斯泰長篇自傳三部曲的最後一部——《青年》。

《青年》引起的回響不如《童年》和《少年》，托爾斯泰自己對這部也不是很滿意，稱它為「小玩意兒」。不過，小說仍然受到了讀者的歡迎。

（二）

一八五七年二月初，托爾斯泰離開了莫斯科，開始了他的第一次出國旅行。他乘坐馬車來到華沙，然後從那裡轉乘火車，經柏林到達巴黎。

初到巴黎，托爾斯泰十分興奮。這座具有悠久文化歷史傳統的大城市早已為托爾斯泰所嚮往。到達的當天，他就去了大歌劇院，在那裡與法國人一起度過了一個狂歡之夜。

在巴黎期間，托爾斯泰遍訪名勝，到了著名的羅浮宮博物館，到了巴黎最古老的學府索爾邦學院，到了法蘭西學院，到了巴黎聖母院，還拜謁了拉雪茲神父公墓，那裡安息著莫里哀、博馬舍和巴爾札克等文化名人。

同時，他還不斷光顧巴黎的劇院和音樂會，欣賞了《費加洛的婚禮》、《塞維爾的理髮師》等名劇。所有這些，讓托爾斯泰心情非常愉悅。他在四月五日這天在給鮑特金的信中說道：

「我現在住在巴黎差不多有兩個月了，至今還不知道這座城市會不會有一天不再吸引我，或者這樣的生活會不會有一天失去它的魅力。……總之一句話，這種社會的自由，我們在俄羅斯是沒有想到過的。」

然而就在信發出的第二天，一件意外的事故讓托爾斯泰對巴黎產生了強烈的厭惡。那天，他目睹了在巴黎廣場上一次殘酷的機器斬首

的死刑。

在當天的日記中，托爾斯泰描寫了這一情景及給他帶來的震撼：

……只見一個白白胖胖的健壯的脖子和胸膛。犯人吻了吻《福音書》，接著是死，多麼荒謬！這印象極其強烈。我不是個玩弄政治的人，但道德和藝術我卻是知道的、愛好的，並且弄得清楚的。斷頭台弄得我很久不能入睡，逼得我不能不思考。

這件事確立了托爾斯泰對死刑的看法，而且這種看法終生未變。而且，這件意外也讓托爾斯泰突然對巴黎產生了憎惡。在第二天的日記中，他寫道：

「晚起，正在讀書，突然一個簡單而清晰的念頭來了——離開巴黎。」

這一天，他在給鮑特金的信中又寫到：

在戰爭當中，在高加索，我親眼目睹過許多可怕的場面，但我怎麼能眼睜睜看著把一個人撕成肉塊呢？那種機器並不醜陋，甚至美觀雅致，可以用它在一瞬間將一個身強力壯的人殺死。最近還要殺死很多人，因為據說他們想行刺拿破崙三世。

這種專制的暴行，令托爾斯泰對法蘭西的「社會自由」深感失望。他表示，「從現在起，我不僅永遠不會觀看這種死刑，而且也不會再為任何政府服務」。

機器斬首的死刑給托爾斯泰留下了深刻的印象，以致在時隔四分之一世紀以後，他在重提此事時仍強調：

俄羅斯文壇巨星
崇尚愛與和平的托爾斯泰

「任何鼓吹現代文明的合理性學說，都不能為這樣的做法辯護。」

四月八日，托爾斯泰離開了巴黎，前往日內瓦。那裡有他的兩個遠房親戚——亞歷山卓·托爾斯泰和葉莉札維塔·托爾斯泰。

亞歷山卓姐妹的父親與托爾斯泰的祖父是親兄弟，因此，托爾斯泰還是她們的堂侄。亞歷山卓是尼古拉一世女兒瑪莉亞·尼古拉耶夫娜公主的侍從官，而葉莉札維塔負責公主子女的教育。

托爾斯泰與她們姐妹的友誼開始於托爾斯泰剛從部隊回到彼得堡時。她們認為他很樸素、謙遜，而且十分活潑，因此都很喜歡他。

一八五七年四月，托爾斯泰突然出現在亞歷山卓姐妹面前，讓她們既驚異又高興。在以後的日子裡，托爾斯泰與亞歷山卓姐妹幾乎每天見面，他們一起到山裡散步，充分享受生活的快樂。

這段快樂的日子也讓托爾斯泰開始渴望重新生活，將過去的一切像穿破的衣服一樣拋棄，在一日之間變成另外一個人。

（三）

托爾斯泰在日內瓦逗留了將近兩個星期。四月二十一日，他同亞歷山卓姐妹一同乘船去克拉蘭，並在那裡一直住到六月三十日。

克拉蘭緊靠日內瓦湖，湖光山色，景色迷人。這裡是托爾斯泰愛戴的作家盧梭寫作的小說《新愛洛伊斯》的地方，也是小說中的女主角生活過的地方。

每天，托爾斯泰都在湖邊的堤岸上散步，或在花園中眺望湖面，藍得出奇的湖水讓托爾斯泰讚不絕口。這種秀美的山水對托爾斯泰的精神境界也產生了強烈的有益影響。面對這美麗的景色，他感到愛的感情在心中油然而生，甚至感到愛自己，惋惜自己的過去，寄希望於未來，覺得生活快活，想長長久久活下去；甚至一想到人終有一死，就像孩子般害怕。

他一個人坐在濃蔭如蓋的小花園裡，看著這湖岸、湖水，有時甚至覺得這美透過眼睛注入了他的心靈。

在這裡，托爾斯泰還結識了十二月黨人米哈伊爾·普欣，以及他的兄弟、普希金皇村學校的同學伊凡·普欣，他們相處得非常融洽。置身於這樣的環境，讓托爾斯泰感到流連忘返。

托爾斯泰不滿足於只在附近散步，他要到遠處去遊歷。於是，他找到一位名叫薩沙·波利萬諾夫的十一歲男孩做伴，一起徒步旅行了一次。他們背著行囊，一起翻山越嶺，用了十一天的時間，遊歷了瑞士

俄羅斯文壇巨星
崇尚愛與和平的托爾斯泰

壯美的山川。

在旅行結束，回到克拉蘭以後，托爾斯泰花了三天時間寫他的旅途見聞，可只寫了兩天就擱下了，還有一篇《一八五七年日記摘抄》手稿也沒有寫完。因為旅行回來以後，托爾斯泰精力充沛，他開始集中精力寫作以下五部作品——《發瘋者》、《逃亡的哥薩克》、《狩獵場》、《青年》第二部和《旅遊日記》。

六七月間，托爾斯泰還到達了義大利北部的都靈，與德魯日寧、鮑特金碰了頭，並與鮑特金結伴前往聖伯爾納峽谷。在歸途中，他取道聖·貝爾納德，回到日內瓦，並於七月五日抵達瑞士北部的小城琉森。

琉森雖然風光旖旎，但來這裡觀光的大多都是富有的、但冷冰冰的英國紳士和女士，這令托爾斯泰感到孤獨和壓抑。

不久，托爾斯泰離開瑞士，前往德國。他先後到達了斯圖加特、巴登-巴登、法蘭克福、德勒斯登和柏林等地。在那裡，他參觀了一些著名的博物館、畫廊和學校，並產生了為農村孩子辦學的想法。

當托爾斯泰到達巴登-巴登時，他馬上又被巴登-巴登這座歐洲著名的賭場吸引了，因此一到巴登-巴登就玩起了輪盤賭，並輸掉了不少錢。

隨後的兩天，他一直沉溺於賭場當中，並輸光了身上所有的錢。七月二十七日，他從一個法國人那裡借了兩百法郎，當天就又輸光了。隨後，他又向剛剛抵達巴登-巴登的屠格涅夫那裡借來些錢，同樣很快就輸掉了。

薰染賭博惡習的托爾斯泰深受良心的譴責，他在日記中罵自己「豬玀，沒有出息，是下流胚！」

輸光了錢的托爾斯泰很快就離開了巴登 - 巴登，前往法蘭克福。在法蘭克福，他遇到了陪同公爵夫人旅行的亞歷山卓。在亞歷山卓那裡，托爾斯泰獲得了一些安慰和同情。

隨後，托爾斯泰還到了德勒斯登和柏林，在那裡參觀了畫展、學校和博物館，然後踏上了返回故鄉的路途。

這次歷時半年的旅行，讓托爾斯泰的視野獲得了開闊。儘管資本主義文明虛偽的一面令他深感厭惡，但西歐資本主義社會畢竟比處於專制農奴制度下的俄國社會進步得多。

因此，一回到俄國，托爾斯泰便對俄國的貧窮、混亂、黑暗，尤其是農奴制度，產生出一種觸目驚心的感覺。

俄羅斯文壇巨星

崇尚愛與和平的托爾斯泰

第九章 創辦農村學校

聰明人的特點有三：一是勸別人做的事自己去做，二是絕不去做違背自然界的事，三是容忍周圍人們的弱點。

——托爾斯泰

俄羅斯文壇巨星
崇尚愛與和平的托爾斯泰

（一）

　　一八五八年八月初，托爾斯泰回到亞斯納亞·波利亞納。在回到俄國的當天，托爾斯泰就在自己的日記中寫下了這樣一句話：

　　「俄國真討厭，我簡直就不喜歡它。」

　　幾天後，在給亞歷山卓的信中，托爾斯泰歷數了回國一週裡見到的一些野蠻行徑，如貴夫人在大街上用棍子毆打自己的女僕；幾個官吏因為一位有病的古稀老人沒有給他們及時讓路而將他打個半死；村長瓦希里毒打一個園丁，而後又讓他赤腳在麥茬地裡管牲口……由此，托爾斯泰感嘆道：

　　俄國現在真糟糕，真糟糕，真糟糕！在彼得堡，在莫斯科，所有的人都在吵吵嚷嚷，憤怒、期待；而在內地，則依然是宗法制的野蠻、偷盜和無法無天。回到俄國後，我和自己厭惡祖國的心情鬥爭了很久，直到現在才開始習慣於我們生活中那些根深蒂固、觸目皆是的慘狀。

　　回到亞斯納亞·波利亞納後，托爾斯泰開始著手整頓不景氣的莊園經濟。他主要做了兩件事：一是在周圍的荒野和山崗上種了許多樺樹、雲杉和松樹，將莊園的林地面積由開始的一百七十五俄畝（一俄畝＝一點零九公頃）逐漸擴大到四百五十俄畝；二是大幅度增加了牧場面積和牲畜頭數，興旺畜牧業。托爾斯泰希望自己今後收入的主要來源是林業和畜牧業，而不是農奴們無償的勞動。

　　與此同時，托爾斯泰依然繼續為改善農奴的處境而努力。他陸續

第九章 創辦農村學校
(一)

讓一些僕人獲得自由，並終於實現了他將農民的勞役改為租賦的計畫。村裡農民的勞動積極性有了很大提高，生活也略有改善。但是，在國家體制未變的情況下，托爾斯泰是不可能讓農民們的生活發生根本性變化的。

在投身鄉間農業事務期間，托爾斯泰依然關注著文學創作。西元一八五七年九月，托爾斯泰發表了小說《琉森》，在文壇上激起一片波瀾。托爾斯泰對資本主義文明的抨擊為大多數人所不理解，這讓他頗感失望。但托爾斯泰覺得，自己「是有話可說，而且能夠把話說得有分量；至於公眾，他們想說什麼就說什麼吧。要認真做事，全力以赴，就讓他們往祭壇上啐唾沫去吧」。

西元一八五八年的冬天，托爾斯泰是在莫斯科度過的。除了繼續閱讀文學和哲學創作外，他還先後完成了小說《三死》和《阿爾伯特》。其中，《三死》是托爾斯泰在短時間內滿懷激情地一氣呵成的。他在向塔基亞娜姑媽朗讀這篇小說時，竟然淚水盈眶。

這篇小說寫了一個貴婦人的死、一個農民的死和一株白樺樹的死。在致亞歷山卓的信中，托爾斯泰這樣闡述了小說的題旨：

我的想法是：三個生物——貴婦人、農夫和白樺樹——死去了。

貴婦人既可憐又可恨，因為她一輩子都在撒謊，直到彌留之際。她認為，基督教不能替她解決生與死的問題，她還想活下去。她的想像力和理智相信基督教對未來的承諾，而她的整個肉體卻堅決反對，沒有其他安慰（除了基督教虛妄的安慰），——可能大限已到，她既

可憐又可恨。

　　農夫死的時候心地坦然，因為他不是基督徒，……他信仰的是大自然，生息與共的大自然。

　　樹死得平靜、正直壯麗。死得壯麗，因為它不撒謊、不折腰，無所貪求，無所畏懼。

　　在這部蘊含了深刻哲理的小說中，托爾斯泰表明了普通人民在精神上要優於貴族階級。文學評論家皮薩列夫在評價《三死》時指出，如果誰要在托爾斯泰的小說中單純尋找情節的趣味性，他不僅會失望，而且「會忽略掉小說中最迷人和最有價值的地方，忽略那些深刻而精細的心理分析」。只有「推敲它的每一個局部，把握他的每一個細節，用你自己體驗過的感情和印象去揣摩它們」，才能豐富思想積累和加深對人的本性的了解。

（二）

　　到西元一八五九年夏天，托爾斯泰再次陷入深深的苦惱之中，「對一切都冷漠到令人難堪的地步」。這一方面是因為他傾注了大量精力的莊園事務並沒有收到預期的效果；另一方面，托爾斯泰在文學創作上也感到彷徨和迷茫。

　　自從托爾斯泰退出《現代人》雜誌後，他的心情一直很矛盾，總是在不斷尋找自己的創作方向。從西歐回來後，他對俄羅斯、對生活和藝術都有了新的看法。他在給亞歷山卓的信中說：

　　我曾經認為，可以為自己安排一個幸福而正直的小世界，以便在其中安靜、沒有錯誤、沒有悔恨，也沒有迷亂的悄悄過自己的日子，不慌不忙、嚴整有序只做好一些事情。可是真可笑，這辦不到。

　　……要正直的生活，就必須掙扎、迷亂、追求、犯錯、開始、放棄、又開始、又放棄，還要永遠鬥爭和忍受希望。而安靜——這是精神上的卑賤行為。

　　對藝術的追求也是如此，因為「沒有任何一種藝術的激流能讓人迴避參與社會生活的責任」。

　　儘管如此，德魯日寧等人主張的脫離現實的「純藝術」傾向已經在他的創作中留下了痕跡。在這期間，托爾斯泰創作的《阿爾伯特》、《幸福家庭》等小說大多脫離了農奴制改革前夕俄國火熱的現實主義主流。對此，涅克拉索夫一針見血地指出了托爾斯泰這些小說中存在

的不足，希望他能夠創作一些表現生活本質的典型。

莊園事務的挫敗以及對自己創作的失望，讓托爾斯泰開始嚴肅考慮一個問題：怎樣才能讓自己的生活更有意義？

為了調整自己的狀態和生活方向，托爾斯泰決定暫時擱筆。他在回絕德魯日寧的約稿時表示，「作為一個作家，我現在已經毫無用處」，如果今後再執筆的話，希望能夠寫出給人以力量的作品，而絕不會再去寫那些「可愛的、讀起來很愉快的小說」。

托爾斯泰覺得，自己的當務之急還是改善農民的處境，而知識則可以從根本上幫助農民擺脫貧困和愚昧。於是，他找到了一個能滿足自己精神追求的事業——為農民的孩子創辦一所學校。

當時，歸地主私有的農奴的孩子是沒地方可上學的，也沒有官辦的學校。要想學習一些讀寫知識，只能自己請粗通文字的退伍老兵或教堂職員之類人擔任家庭教師。而這些人既不懂教育，也沒有教材，教學效果可想而知。所以，俄國文盲多得不得了。

鑒於此，托爾斯泰決定要興辦一所學校，發展教育事業。在西元一八四九年的時候，他就曾嘗試過一次，但終因力不從心放棄了。十年之後，他東山再起，這一次終於獲得了成功。

西元一八五九年秋，托爾斯泰在亞斯納亞·波利亞納創辦了一所農民學校。他給波利亞納的每戶村民都發了一份通知，歡迎村民們送孩子到學校學習，而且不收學費。

對這個消息，村民們議論紛紛，他們都不相信這是真的。學校不

收學費？以前可從來沒這種好事，老爺們為什麼會這樣大發善心呢？會不會有什麼圈套？所以，開始時誰也不敢送孩子去上學。

經過托爾斯泰的幾番努力，農民們抱著試一試的態度，送孩子來學校上學了。

在開學的第一天，孩子們在家長的帶領下，先是一起匯集在村口，然後一起來到波利亞納莊園門口。托爾斯泰早已等候在那裡了，他大聲對家長們說：

「你們好！你們把孩子都帶來了嗎？」

「帶來了，大人。」家長們紛紛摘下帽子，鞠躬，回答。

托爾斯泰仔細看了一遍在場的孩子，然後又大聲問孩子們：

「你們想讀書嗎？」

「想──」孩子們簡單而響亮回答。

這讓托爾斯泰感到十分興奮。他見來的孩子全是男孩，便請求家長們將女孩也都送來一起讀書。

開學這天，一共來了二十二個孩子，後來陸續增加到七十個孩子。托爾斯泰將這些孩子按年齡分為大、中、小三個班。

（三）

托爾斯泰辦學的一個基本原則，就是給學生和老師以充分的自由。在學校裡，學生可以根據自己的願望，願意來就來，不願意上課就走；而教師也有權不讓某個學生進教室。在課外，老師和學生是平等的朋友。托爾斯泰也經常跟這些孩子們開玩笑，還一起遊戲、散步、滑雪橇等，晚上常送學生回家。

同時，他還拿出一俄畝地來給那些願意耕種的學生耕種，收穫所得也歸耕種的學生所有。這樣的學生有八個，托爾斯泰就把這一俄畝地分成八份。孩子們在自己分得的土地上種上亞麻、豌豆、蕎麥、胡蘿蔔、蕪菁等，鍛煉了實際動手能力。

托爾斯泰在《亞斯納亞·波利亞納學校》一文中，這樣描繪了他創辦的這所學校的情況：

學校設在波利亞納莊園裡的一座兩層石頭房子裡，有兩間房作教室，一間房作辦公室，兩間房作教員休息室。在台階屋簷下，掛著一口小鐘，鐘上拴著一個小錘，每天由教務長派一名住校的學生打鐘上下課。

穿堂的樓下放著體育器材，樓上擺著一個木工台，這是專門供學生勞動用的。

剛走到寬敞明亮的教室時，孩子們都感到很拘束，但很快他們就和老師熟識起來了。而且，這裡也很快就成為孩子們最嚮往的地方。

　　村裡的人們慣於天不亮就點燈起床。從學校的窗戶裡，可以看到各家明亮的燈光。鐘響之後的半小時裡，在濛濛的霧氣裡，在霏霏的雨雪裡，或在秋日的晨曦中，山岡上（村子和學校中間隔著一條山谷）便出現三三兩兩或孤孤零零的黑色小身影……

　　孩子們來上課時，不用帶任何東西來，不帶書，也不帶筆記本，腦子裡也毫無負擔。無論功課，無論昨天所做的什麼事情，他們覺得忘記了都沒有什麼關係。想到擺在面前的功課，他們也沒有什麼苦惱之感。他們只帶來自己的身體、敏銳的頭腦和信心：相信學校今天將同昨天一樣快樂。

　　不到上課的時間，他們是不想上課的事的。沒人因為遲到而受到申斥，不過也從來沒人遲到──除非大一點的孩子有時被父親留在家裡做些活計，耽誤了。在這種情況下，他們便氣喘吁吁匆匆趕到學校來。

　　當老師走進教室時，孩子們可能正玩作一團，有時甚至是大聲叫喊著。老師手裡拿著書，分給那些跟他到講台前面的孩子，同時正在玩耍的孩子也會安靜下來，氣喘吁吁地開始看書。打鬧的氣氛一掃而光，教室裡一片寧靜。

　　一個學生剛剛還扯著同學的頭髮，現在卻專心致志讀起書來。他緊閉嘴唇，閃著小眼睛，除了書本，什麼也看不到。這時，要他拋開書本就像剛才要他停止打鬧一樣費勁。

　　孩子們在教室裡也都隨便坐，有的坐在長凳上，有的坐在窗台上，

有的坐在圈椅或者地上……

　　學校的課程有讀書、書法、語法、創世紀、數學、繪畫、製圖、唱歌，後來又加入了俄國歷史故事和自然科學漫談。

　　可以說，波利亞納學校的教育狀況正是托爾斯泰理想的教育模式。他發現，學生的心理狀態是教育能否成功的關鍵，要得到好的教育效果，自由是必不可少的。孩子們不願意學的東西，就不應該強迫他們學習。

　　學校的事情逐漸增多，於是托爾斯泰便開始物色助手。一八六〇年六月，他終於物色到一個。這個人名叫彼得·瓦西里耶維奇·莫羅佐夫，是圖拉神學校的畢業生。托爾斯泰在西元一八六〇到一八六一年出國期間，學校的工作主要由他負責。

　　到一八六二年五月，學校已經從最初一所發展到二十一所，分布在亞斯納亞·波利亞納周邊地區。校舍也都是因陋就簡，設在農舍裡，教師有的跟農民住在一起，他們的工資都很低，教一個學生每月可得五十戈比，平均一個教師有二三十學生。除工資外，如果在《亞斯納亞·波利亞納》雜誌上發表文章，也可以得到一些稿費。儘管生活很艱苦，但在托爾斯泰的熱情感召下，教師們都很熱愛自己的工作。

　　辦學取得的成功讓托爾斯泰備受鼓舞，為此他還想創辦一個國民教育協會，進一步在俄國推廣教育事業。當然，他的這個計畫是不會被批准的。據當時的學生莫羅佐夫回憶，托爾斯泰那時還跟學生們談過自己的理想，說他想將自己的土地分給農民，然後在村邊建一座農

舍，取一個農家姑娘，從事農業生產。

托爾斯泰想放棄地主生活去務農的理想後來在他創作的小說《安娜
卡列尼娜》中也有所反映。主要人物列文在結婚前，「常常欣賞這種
生活（指農民生活），還常常羨慕過這種生活的人」。

俄羅斯文壇巨星
崇尚愛與和平的托爾斯泰

第十章 結婚成家

一個人好像是一個分數，他的實際才能好比分子，
而他對自己的估價好比分母。分母愈大則分數值愈小。

——托爾斯泰

俄羅斯文壇巨星
崇尚愛與和平的托爾斯泰

（一）

在一八六〇年七月，托爾斯泰離開彼得堡，開始了他為期九個月的德國、法國、比利時、英國和義大利之行。同行的還有他的妹妹瑪莎和幾個外甥，他們坐船取道波蘭前往柏林。

到達柏林後，瑪莎和孩子們先去了法國的索登尼古拉處，托爾斯泰自己在柏林逗留了幾天。在這裡，他去柏林大學聽了課，參觀了當地的手工業夜校等，但印象都不佳。

之後，托爾斯泰又到了威瑪。在那裡，他參觀了歌德故居，欣賞了莫札特的歌劇，並做了教育考察。

隨後，他又到了耶拿，對那裡由斯多伊教授創辦的一所私立學校頗為喜歡，覺得這是他在德國見到的「最有意義、最重要的，幾乎是唯一有生氣的學校」。

這年九月，托爾斯泰的大哥尼古拉病危，托爾斯泰趕緊趕到居住在索登治病的大哥身邊。看到形銷骨立、因患肺結核不斷咳嗽的大哥，托爾斯泰非常難過。本來尼古拉的身體是很棒的，但在高加索服役的十二年間，他染上了酗酒的毛病，退役後也未能戒掉，這嚴重地損害了他的身體。

在托爾斯泰的堅持下，尼古拉答應出國治療。醫生認為，尼古拉應該在一個氣候溫暖的地方度過冬季。於是托爾斯泰與妹妹瑪莎商量，決定帶哥哥前往地中海沿岸城市土倫附近的耶爾。

第十章 結婚成家
（一）

　　幾經輾轉，托爾斯泰一行終於到達耶爾。然而，尼古拉的病情不僅沒有好轉，反而是一天不如一天。一八六〇年九月二十日，尼古拉帶著平靜的表情離開了人世。

　　大哥的去世讓托爾斯泰悲痛欲絕，他在日記中寫道：

　　「這件事讓我嚴重地脫離了生活的軌道，⋯⋯大哥的死給我留下了一生中最強烈的印象。」

　　托爾斯泰久久都不能平靜下來，覺得生活變得無比黯淡。現在，生活中唯一讓他感興趣的，就是教育工作。

　　過了一些時日，托爾斯泰開始考察法國的學校教育。他參觀了馬賽城裡的全部八所公認學校後得出結論：在那樣的學校裡，工人不可能獲得真才實學，法國工人的知識大都來自於廉價的報刊、有音樂雜耍和短劇上演的咖啡館和俱樂部。

　　一八六〇年冬到一八六一年春天，托爾斯泰到過了歐洲不少城市。他還到了義大利的佛羅倫斯，在那裡，他結識了剛從流放地歸來的著名十二月黨人沃爾康斯基，並由此萌發了創作長篇小說《十二月黨人》的念頭。

　　接著，他又先後遊歷了利沃納、拿坡里、羅馬等地，並轉道巴黎到了倫敦。在倫敦，他與英國著名作家狄更斯有了一面之交，又和俄國流亡作家赫爾岑建立了真摯的友誼。儘管兩人觀點有很多出入，但他們依然對彼此十分傾慕。

　　在赫爾岑的引薦下，托爾斯泰又特地前往布魯塞爾，拜訪了當時

俄羅斯文壇巨星
崇尚愛與和平的托爾斯泰

僑居在那裡的著名無政府主義者普魯東和波蘭社會活動家列勒維爾，
這一經歷給托爾斯泰留下了難以磨滅的印象。

一八六一年二月，沙皇簽署了在俄國廢除農奴制的法令，成為俄
國社會生活中的一件大事。托爾斯泰在國外得知這一消息後，立刻敏
銳感覺出政府這項「改革」舉措的欺騙性。他在給赫爾岑的信中說：

「……我還不喜歡一點，就是上諭中的口氣仿佛就像是對老百姓
做了極大的恩惠一樣，可是它的實質，即使一個有一點學問的農奴主
也能看得出，其中除了許諾之外別無一物。」

四月十二日，托爾斯泰回到俄國，在彼得堡和莫斯科稍事停留後，
於五月初回到亞斯納亞·波利亞納。

（二）

回到家鄉後，托爾斯泰處理的第一件事就是他與莊園裡農民的關係。他將農民都召集到一起，宣布凡事他們所耕種的土地，從現在起一律歸他們所有；而且，每個農民還能獲得一塊遠多於其他莊園的分地。這一次，農民們沒有懷疑托爾斯泰的誠意，他們紛紛歡呼，並祝托爾斯泰健康長壽。

當托爾斯泰還在倫敦的時候，他就知道自己被任命為圖拉省克拉皮文縣第一區的和平調解人。這一職務主要負責調解地主與農民之間的糾紛，當然主要是土地糾紛。

為維護農民的利益，托爾斯泰一回國後馬上就接受了這一任命。隨後，他常常站在農民的一邊，維護農民的利益。結果也正如托爾斯泰所預料的那樣，農民們「欣喜萬分」，而貴族們則對他「恨之入骨」。當地的貴族紛紛聯名上書，要求撤銷托爾斯泰的調解人職務，因為他喚起了農民對地主的敵意，並給貴族造成了巨大的經濟損失。在這種情況下，托爾斯泰不久後主動辭去了調解人職務。

還有一件事，就是被托爾斯泰稱之為「難以割捨的詩意而美妙的」教育事業。所以一回到家鄉，他立刻就以異乎尋常的熱情投身到這一事業當中了。

不過，托爾斯泰的行為引起了沙皇當局的注意。在他擔任調節人期間，就有憲兵密探向第三廳報告了托爾斯泰袒護農民的事；如今，

俄羅斯文壇巨星
崇尚愛與和平的托爾斯泰

他的辦學活動進一步引起當局的不滿。而同時，一些地主出於仇視心理，不斷誣告托爾斯泰網羅圖謀造反的大學生、印刷發政府傳單等。因此，沙皇當局加緊了對托爾斯泰的祕密監視。

西元一八六二年夏天，托爾斯泰感到身體不適，常常咳嗽。他自以為這是肺病的徵兆，因為這種病已經奪取了他兩個哥哥的性命。於是在醫生的勸告下，他決定前往薩馬拉平原去做酸馬奶治療。同時，他還帶了學校的兩個孩子隨他一起旅行，他們是菲特卡和葉戈爾，同行的還有他的僕人阿列克塞。

托爾斯泰一行先騎馬到莫斯科，然後乘火車到特維爾，從那裡再搭乘汽船沿窩瓦河南下，到達薩馬拉大草原。在草原天然、廣闊、舒暢的環境中，托爾斯泰的病情有了很大好轉。

然而就在這時，災難降臨到了亞斯納亞·波利亞納莊園。事情起因於波利亞納學校新雇用的一個名叫索科洛夫的大學生教師，他曾參加過反政府組織，是赫爾岑的信徒，因而受到沙皇政府的密切監視。

索科洛夫一離開莫斯科，圖拉省憲兵司令穆拉托夫便得知他不久後到了波利亞納學校。很快，這位急於立功升官的政治密探編造了一系列謊言，並祕密告知莫斯科總督。莫斯科總督接到密告後，馬上下令搜查波利亞納莊園。

這天一大早，憲兵便闖進了托爾斯泰的波利亞納莊園，並在他的住所和兩所學校中翻箱倒櫃搜查了兩天。所有東西都被檢查了，包括托爾斯泰認為「只有當我臨死時才能把它們交給最親近的人」的全部

日記和信件。

為了尋找罪證，這群憲兵甚至把網撒到水池裡打撈，還撬開了馬棚的地板。臨走時，他們還沒收了那些任教大學生的證件。

正在薩馬拉草原休養的托爾斯泰得到消息後，以最快的速度返回波利亞納莊園。這件事讓托爾斯泰大為震怒，他在給亞歷山卓的信中寫道，如果他當時在場的話，一定會殺死那個領頭的憲兵上校；並且還說，對這樣的政府，他「感到憤怒、厭惡，乃至仇恨」。

在這件事情發生後，學校又維持了一段時間，但終因外界環境的變化、教師的陸續離去和作家興趣的轉移而停辦了。

然而，這段經歷卻令托爾斯泰終生難忘。直到晚年，他仍將辦學這段經歷看成是他「一生中最幸福的時期」，即「把全部生命奉獻給為他人服務的事業的時期」之一。

（三）

在托爾斯泰第二次歸國時，他已經三十三歲了，獨身生活讓他感到煩惱和孤獨。他在日記中寫道：

「我苦悶，我沒有朋友，沒有！我是個孤家寡人。」

這些年來，他也嘗試過幾次戀愛，但都因過於理想化或屬於精神戀愛而沒有成功。

一個時期以來，托爾斯泰與莫斯科宮廷醫生貝爾斯一家過往甚密，貝爾斯的妻子呂波芙是托爾斯泰的舊識，而她與托爾斯泰的妹妹瑪莎更是多年的好友。貝爾斯有八個孩子，其中三個女兒正值青春年少，個個都生動聰明伶俐、漂亮動人。

貝爾斯家那種溫馨的家庭氛圍和充滿青春氣息的歡樂深深吸引著托爾斯泰。在這裡，他享受到了家庭的愉快，以及年輕人在一起開懷歡愉的樂趣。

漸漸地，托爾斯泰對這些女孩子產生了愛意。一次，他對妹妹瑪莎說：

「我覺得貝爾斯家特別可愛，如果我有朝一日成家，我只要娶他們家的閨女。」

貝爾斯家的幾個孩子也很喜歡這位年輕的作家和伯爵。貝爾斯的小女兒塔尼婭後來回憶說：

「他一來到家裡，氣氛馬上就活躍起來。他有時帶我們到森林中

散步，而他自己也不辨道路，邊走邊給我們講故事。」

托爾斯泰的頻頻到訪，讓貝爾斯夫婦逐漸看出了一點眉目：伯爵應該是愛上我們的某位女兒了。在他們看來，儘管托爾斯泰年紀偏大一些，但出身和教養都不錯，而且還是個頗有名氣的作家和有一定經濟實力的貴族，因此，他們也希望托爾斯泰能娶他們的一位女兒為妻。

然而，托爾斯泰卻遲遲沒有表態。貝爾斯家的親友和家庭教師都認為托爾斯泰看上了大女兒莉莎。而莉莎也自作多情起來，每逢托爾斯泰來訪，她都顯得格外熱情，當然事前也忘不了要梳洗打扮一番。

托爾斯泰雖然覺得莉莎也是個不錯的姑娘，但他並不中意莉莎，覺得莉莎的性格過於理智沉穩，過於會算計。這不是他喜歡的類型。

托爾斯泰看中的是二女兒索尼婭。索尼婭是姐妹三人中長得最漂亮的一個，身材勻稱高挑，容貌端莊秀麗，而且感情豐富，待人真誠，還頗具文學才華。當然，索尼婭對托爾斯泰也頗有好感。

西元一八六二年八月初，貝爾斯夫人呂波芙帶著三個女兒和一個兒子前往圖拉省伊維齊莊園看望父親，順路去亞斯納亞·波利亞納莊園看望剛剛從阿爾及利亞回來的瑪莎。

貝爾斯夫人一行下午從圖拉省出發，傍晚時分到達波利亞納莊園。可以想見，貝爾斯夫人一行到來給一向寧靜的波利亞納莊園帶來了多麼熱烈的氣氛。全家上下都忙碌起來，為客人準備食宿。

當晚，托爾斯泰親自為索尼婭在沙發椅上鋪了一個床位，讓索尼婭深受感動。索尼婭後來回憶說：

俄羅斯文壇巨星
崇尚愛與和平的托爾斯泰

「在列夫為我準備的長椅上睡覺多麼好啊！一晚上我都翻來覆去，覺得有些不舒服，兩邊的扶手夾得很窄，可我的心裡快樂極了。想起列夫如何為我準備這個過夜的地方，我就滿懷新奇、高興之情進入了夢鄉。」

第二天，托爾斯泰安排客人到森林遊玩和野餐。那時，索尼婭覺得周圍的一切都那麼令人心醉。

第三天，貝爾斯母女離開了波利亞納，動身前往伊維齊莊園。可誰也沒有想到，貝爾斯一家剛剛到達伊維齊的次日，托爾斯泰便騎著白馬趕來了。他走了五十俄里，到達時朝氣蓬勃，快樂而激動。

晚上，托爾斯泰與索尼婭姐妹們坐在桌前談天說地，呂波芙見天色已晚，便催促孩子們就寢。就在索尼婭剛剛走到門口時，托爾斯泰叫住了她。

兩人再次坐在桌邊，托爾斯泰拿出一支粉筆，在桌子上的計分板上開始寫字母，並讓索尼婭辨認。

索尼婭心跳得厲害，她覺得這一瞬間她什麼都能明白和做到。她顫聲念道：

「您的青春和對幸福的要求非常清楚的讓我想起我年紀已老，不可能有幸福。」

「還有。」托爾斯泰繼續寫下去，索尼婭繼續念：

「是您家裡，對我和您姐姐莉莎有一種不正確的看法，您要和您的妹妹為我辯護。」

第十章 結婚成家
（三）

　　兩人為心靈的相通而異常激動。正當托爾斯泰想繼續向下寫時，樓上傳來呂波芙催促索尼婭上樓睡覺的聲音，兩人的感情交流只得暫時中止。

（四）

不久，呂波芙就帶著孩子們回了莫斯科，托爾斯泰也隨同她們一起去了莫斯科。這年，不論是夏天還是初秋，也不管貝爾斯一家住在城裡還是郊外，托爾斯泰幾乎每天都去拜訪。在這種情況下，托爾斯泰與索尼婭的感情也在悄悄發展著。

漸漸的，托爾斯泰對索尼婭的愛越來越強烈，但他並不能確信索尼婭是否也一樣愛他。越是在這種時候，托爾斯泰的自卑感越強。他為自己的年齡和相貌苦惱，內心充滿了矛盾和掙扎。

九月十六日晚上，經過再三的猶豫，托爾斯泰終於將揣在懷裡三天的信交給了索尼婭。索尼婭接過信，立刻跑進自己的房間。信上這樣寫道：

索尼婭安德列耶夫娜：我已經無法忍受。三週以來，我每天都在說：現在我一定要把一切都講出來，可最後我總是懷著同樣的苦悶、後悔、恐懼和幸福的心情離開。每天晚上，我都如同現在一樣，逐一回憶過去的情景，我很痛苦，我說：為什麼我沒說？我該怎麼說？我能說些什麼？我隨身帶著這封信，如果我又不能說，或者沒有勇氣對您說出一切，我就把這封信交給您。……

我本來想與您的一切聯繫，重新回到孤獨勞動的修道院裡埋頭於事業。但現在我什麼都辦不到了，我覺得我把您家攪亂了，我和您像和朋友、和正直的人那樣樸實的、值得珍視的關係已經失去了。我既

第十章 結婚成家
（四）

不能離去，也不敢留下。

　　您是個誠實的人，請坦率的，不要急急忙忙，⋯⋯告訴我，您是否願意成為我的妻子？⋯⋯看在上帝的份上，您好好問問自己。我怕聽到您說「不」，但我預感到，並能在自己身上找到忍受得住的力量。但是，如果我永遠不能成為一個被人愛的丈夫，像我愛我的妻子那樣的話，那簡直太可怕了！

　　就在索尼婭看信時，呂波芙走進房間。她立刻明白發生了什麼事，並對女兒說：

　　「到他那裡去，把你的答覆告訴他。」

　　索尼婭好像長了翅膀一樣，飛也似跑上樓梯，跑到母親的房間。托爾斯泰正靠在牆壁上等待她。

　　當看到索尼婭後，他趨步上前，抓住索尼婭的手，問道：

　　「怎麼樣？」

　　「當然，我願意。」索尼婭羞紅著臉回答。

　　是年，索尼婭十八歲，托爾斯泰三十四歲。

　　一週後，即一八六二年九月二十三日，托爾斯泰與索尼婭舉行了婚禮。婚禮隆重而莊嚴，後來，托爾斯泰在小說《安娜·卡列尼娜》中將他的婚禮描寫成列文與吉娣的婚禮。他用優美的文筆清晰的描繪了婚禮的場景和列文的內心感受。他在給亞歷山卓的信中寫道：

　　九月二十三日，星期天，我娶了索尼婭·貝爾斯，她是年少時的朋友呂波奇卡·伊斯連尼耶娃的女兒。為了讓您清楚知道她是怎樣的一個

人，我應當寫出一部書。我是幸福的，自從我出世以來，我從未有過這樣的幸福。

婚禮結束後，索尼婭流著眼淚與家人告別，跟隨托爾斯泰踏上了前往亞斯納亞·波利亞納的路程。

經過一天一夜的行程，馬車抵達波利亞納。在莊園的大門口，塔基亞娜姑媽手持聖像迎接這對新婚夫婦，謝爾蓋哥哥還向他們獻上了麵包和鹽巴。

結婚之後，波利亞納莊園的女主人索尼婭為莊園帶來了生氣。她用盆栽的山茶花和木樨草等鮮花裝點寓所；還在屋前的草坪上培植番紅花、風信子、玫瑰花等；在花園裡，她用沙土重新鋪了小徑，修建了洋槐，又栽上了丁香。

莊園裡所有的帳目也都移交給索尼婭，所有庫房的鑰匙也都交給了她。

婚後的托爾斯泰獲得了精神上的安寧，他感到一種難以置信的幸福，「我的心情一天比一天平靜，生活一天比一天幸福」，「這種美滿生活人間是難得的」，「我是幸福的，我變成了一個新人，一個嶄新的人」。

與此同時，強烈的創作欲望也重新溢滿了他的心頭。托爾斯泰在給亞歷山卓的信中說：

「我對自己的狀況完全滿意，……我感到自己的智力和精神力量空前活躍，空前宜於寫作，而且我也在創作，……我現在一心一意寫

第十章 結婚成家
(四)

作，邊寫邊思考，我還從來不曾這樣認真寫作和思考過呢！」

俄羅斯文壇巨星

崇尚愛與和平的托爾斯泰

第十一章 巨著《戰爭與和平》的誕生

人生的價值，並不是用時間，而是用深度量去衡量的。

——托爾斯泰

俄羅斯文壇巨星
崇尚愛與和平的托爾斯泰

（一）

　　一八六三年，托爾斯泰的中篇小說《哥薩克》在《俄國導報》上刊出。這部小說斷斷續續寫了近十年，現在終於完成了。

　　在發表前，托爾斯泰對小說又修改和增補了不少。這部小說在托爾斯泰的早期創作中也占有重要的地位。它不僅包含著豐富的民主主義思想內容，而且藝術手段也十分高超。作者用優美生動的文筆描繪了雄偉壯麗的高加索自然風光，並使之與人物的性格和感情發展有機的融合在一起，同時還多方面吸收了民間創作的藝術養分。

　　這時，屠格涅夫與托爾斯泰已經不相往來，但還是對托爾斯泰的這部小說給予了極高的評價。他在給鮑里索夫的信中說：

　　「我重讀了一遍托爾斯泰的小說《哥薩克》，再次為之傾倒，這真是一部異常出色、具有極其強烈藝術力量的作品。」

　　接下來，托爾斯泰又完成了中篇小說《波利庫什卡》。這部小說取材於一個真實的故事，托爾斯泰在國外時就動手寫過，但直到此時才脫稿發表。在這部小說中，托爾斯泰用驚人的藝術力量描寫了農奴制度下農民的悲慘處境。同時，他還第一次在自己的作品中提出了金錢罪惡的主題。

　　托爾斯泰對俄國農民生活和心理的深刻了解，以及在作品中呈現出來的卓越的寫作手段，讓不少作家由衷地讚嘆。屠格涅夫說：

　　「我讀了托爾斯泰的《波利庫什卡》，這位偉大天才的力量讓我

第十一章 巨著《戰爭與和平》的誕生
（一）

為之驚嘆。……有些篇章寫得可真了不起！讀起來會叫你的脊背骨上都感到一陣冷戰，……巨匠，真是巨匠！」

結婚後，生活逐漸安定下來，托爾斯泰便計畫創作一部長篇小說。其實，他的這個想法可以說是由來已久了。

在一八五六年時，沙皇政府發表文告，允許十二月黨人從流放地返回，這觸發了托爾斯泰寫一部關於十二月黨人命運的念頭。一八六〇年底到一八六一年初，托爾斯泰在國外動筆寫了三章。但很快托爾斯泰就意識到，只寫十二月黨人從流放地歸來後的生活和精神面貌，顯然與當時高漲的社會情緒不相吻合。於是，他毅然放棄了已經寫成的那部分。

托爾斯泰準備從一八二五年十二月黨人起義的時期寫起，但「寫個開頭後又擱筆了」，因為「我的主角在一八二五年已經是有家室的成年人了。為了了解他，我得轉向他的青年時代，而他的青年時代正是俄國歷史上光榮的一八一二年時代」。

在一八一二年時，拿破崙率法軍大軍入侵俄國，占領了俄國首都莫斯科。但在俄國人民和軍隊的抗擊之下，拿破崙損失慘重，率領三萬殘兵從莫斯科撤退。拿破崙政權自此也開始走向衰亡。

然而，在寫了個開頭後，托爾斯泰再次停下來。他覺得：

如果只寫我們和拿破崙及法國兵戎相見的勝利，而不寫我們受到的挫折和恥辱，於心有愧。在閱讀西元一八一二年衛國戰爭的有關著作時，有誰沒有體會過那種隱祕的、而又羞怯與疑惑的不快活的情緒

呢？如果說我們的勝利原因不是偶然的，而是扎根於俄羅斯人民和軍隊本來的天性之中，那麼，這種本來的天性就應該更加鮮明表現在失利與潰敗之中。

因此，托爾斯泰又將時間追溯到一八〇五年。那一年，俄奧聯軍在奧斯特里茨戰役中被拿破崙的法軍第一次擊敗。這樣，托爾斯泰的巨著《戰爭與和平》實際包括的年代已是一八〇五年到一八二〇年，即十九世紀初俄軍失利的前後到十二月黨人運動的醞釀時期。雖然這已是全新的內容，但無疑，《十二月黨人》一作的構思已成為《戰爭與和平》創作的前奏。

（二）

《戰爭與和平》的創作共歷時七個年頭，托爾斯泰為此付出了艱辛的努力，至今保留下來的手稿就達五千兩百頁之多。

為了做到「直到最微小的細節都忠於現實」，托爾斯泰查閱了難以數計的歷史資料和有關著作，走訪了許多參加過有關事件的人們，並親自到一八一二年發生過博羅金諾戰役的現場考察。在此基礎上，托爾斯泰又做了艱難的藝術構思。

準備工作是相當艱苦和折磨人的，托爾斯泰在一八六四年一月致費特的信中訴苦說：

我很煩悶，沒有寫出什麼，只是苦苦工作著。在我不斷播種的土地上，要想耕得深，預備工作是多麼艱難，你是不能想像的。在我正準備的非常龐大的作品中，我的那些未來的人物可能發生的遭遇，想了一遍又一遍，從一百萬可以結合在一起的細節之中，要排出那一百萬分之一來，真是難得可怕，而這就是我正在做的工作……

托爾斯泰還始終都舉棋不定，他擔心自己的寫作語言與別人的不一樣，擔心寫出來的作品不倫不類：既不像長篇和中篇，也不像史詩，更不像歷史；他擔心由於要描寫一八一二年的歷史人物，不得不以歷史檔作為依據，而不是以真實為準繩。

由於這種種的艱難和顧慮，在創作的第一年中，托爾斯泰「開始了無數次，又放棄了無數次」。如今，在作家的檔案中，還能見到

十五種小說開頭的異文。

在經過長時間的痛苦折磨之後，托爾斯泰決定拋棄所有的顧慮，只寫自己想要講的，不考慮寫出來的是什麼，也不給自己的作品取任何的名稱。

創作終於有了進展，特別是當托爾斯泰在阿克薩科夫和爾菲利耶夫家朗讀他的小說開頭幾章後，受到了大家的熱烈稱讚，這讓托爾斯泰信心大增。此後，他開始拋卻一切雜念，全身心地投入到小說的創作之中。

在寫作過程中，索尼婭給了托爾斯泰極大的支持。在一八六三年六月時，他們的長子謝爾蓋已經出生了，白天，她要照顧孩子，料理家務；晚上，她就坐在樓上的會客室桌子前，用雋秀的筆跡將托爾斯泰白天寫得十分凌亂的草稿謄寫出來。這樣次日一早，當托爾斯泰走進書房時，前一日的稿子已經整齊放在他的案頭了。

當然，這些稿子很快又會被托爾斯泰修改得面目全非，於是，索尼婭還要再抄寫一遍，整部作品整整被抄寫了七遍之多！

妻子的支持大大加快了托爾斯泰的創作進度，令托爾斯泰既感激又感慨。他在日記中寫道：

由於夫妻共同生活，你自己改變得像一棵蘋果樹，在得到了土壤裡的汁液後，它向四面生長著。現在，生活為它修枝、剪枝、捆紮、扶持，以便使它不會受到其他東西的影響，扎下根來，長成粗壯的軀幹。

第十一章 巨著《戰爭與和平》的誕生
（二）

　　我就是在這樣生長著。我不知道能否結出果來，是否可吃，……
但我知道，我正在正常生長著。

　　在構思《戰爭與和平》之初，托爾斯泰的目的主要是歌頌先進的
貴族在歷史上的功績。因為在他看來，只有這些人「才在一八二五年、
一八四八年以及尼古拉一世的整個歷史時期，為實現解放農民的理想
而不斷派出自己的殉難者去蒙受流放和絞刑」。

　　但隨著創作過程中對材料的分析和研究，托爾斯泰的認識也進一
步深化了。在托爾斯泰的藝術構思中，人民的地位開始上升。因此在
《戰爭與和平》的整個創作過程中，托爾斯泰對這部作品的刪改動作
之大是驚人的。最初構思中的家庭歷史小說，到定稿時已經成為一部
反映俄國在歷史轉折時期的命運和探索眾多社會哲理問題的長篇巨
著。

（三）

一八六五年一月，這部小說第一部的第一章至第二十八章以《一八○五年》為題，在《俄國導報》上刊出，而全部作品完稿和刊出已經是在一八六九年末了。

托爾斯泰曾表示，在《戰爭與和平》這部小說中，他喜歡人民的思想。而這一思想也在作品中得到了充分的體現。在國家危急的關頭，許多來自下層的俄國普通官兵同仇敵愾，浴血奮戰，雖然戰事一度失利，但精神上卻始終占據壓倒性的優勢。

與此同時，老百姓也主動參與到保衛家園的戰鬥中來，湧現出了一大批像圖申、傑尼索夫、謝爾巴蒂那樣的英雄人物。俄軍的統帥庫圖佐夫也因為體現了人民的意志，才具有過人的膽識和決勝的信心。

與「人民的思想」相聯繫，托爾斯泰在小說中也認真探討了俄國貴族階級的歷史命運問題。小說的主要情節主要圍繞著包爾康斯基、別索霍夫、羅斯托夫、庫拉金四大貴族的家庭生活展開的。在小說中，托爾斯泰無情批判和抨擊了接近宮廷的上層貴族。在民族危亡時刻，他們蔑視國家命運，只關心自己的私利，每日尋歡作樂，聚積私產。這些卑劣的行徑與人們為國家獻身的高尚品質形成了鮮明的對比。

《戰爭與和平》是一部卷帙浩繁的史詩性長篇小說，其中塑造的人物多達五百五十九個。對於這篇小說的成功，托爾斯泰認為，「史詩性的題材對我是最合適的」。

第十一章 巨著《戰爭與和平》的誕生
（三）

　　的確，在創作這部小說的過程中，托爾斯泰也找到了充分施展自己藝術才華的天地。與同時代的許多長篇小說不同，《戰爭與和平》中的生活畫面是以囊括一個歷史時期的巨大而完整的形態出現的，作者的藝術觸角伸向了十九世紀俄國廣闊的生活領域。國家和私人生活的一切可能的領域，歷史，戰爭，人間的慘劇，各種情欲，人生的各個階段，從嬰兒降臨的啼哭聲到氣息奄奄的老人的感情的最後迸發，人所能體會到的一切快樂與痛苦，各種可能的內心思緒……在這幅作品中都應有盡有。

　　《戰爭與和平》不僅再現了整整一個歷史時代，而且為人物提供了廣闊的活動空間。托爾斯泰的敏銳、感知力和探索精神，使他在捕捉新的生活現象上遠遠超過其他的一般作家。但是，駁雜的生活形象在托爾斯泰的腦海中也不是無序的羅列。在那涵蓋整整一個歷史時期的廣闊畫面中，包含著作家嚴格的審美選擇，大如歷史進程、民族危亡、戰爭風雲、制度變革，小至家族盛衰、鄉村習俗、節日慶典、個人悲喜，都被納入到統一的藝術結構當中，從而使作品達到一種既宏偉開放又渾然一體的藝術效果。

　　《戰爭與和平》問世後，在俄國文壇上激起了強烈的回響。岡察洛夫稱，托爾斯泰「已經成為文學界真正的雄獅」；屠格涅夫認為，「像托爾斯泰那樣的作者我們還沒有第二個」，他在公眾的心目中「已斷然占據了首屈一指的地位」；……

　　一八七九年，《戰爭與和平》的第一個外文全譯本出版，當時僑

俄羅斯文壇巨星
崇尚愛與和平的托爾斯泰

居巴黎的屠格涅夫將譯本分贈給法國文壇的著名作家和評論家，立刻便引起一片由衷的讚美聲。

法國著名作家福樓拜除了對這部小說的歷史哲學理論不感興趣外，對其餘部分都大加讚賞。他在致屠格涅夫的信中寫道：

「這是一部第一流的作品，他的確是一位擅長描繪的作家，同時也是一位出色的心理學家……我在閱讀這部作品的過程中，不時拍案稱奇，讚不絕口。」

羅曼·羅蘭則稱：

「《戰爭與和平》是我們時代最偉大的史詩，是現代的《伊利亞德》。」

後來，列寧在讀到這部小說後，對來訪的俄羅斯文壇巨擎高爾基說：

「多麼了不起的巨著，多麼強有力的人物！老兄，這才是真正的藝術家……在歐洲有誰能與他相媲美呢？一個也沒有！」

第十二章 創作《安娜·卡列尼娜》

人生不是一種享樂，而是一樁十分沉重的工作。

——托爾斯泰

俄羅斯文壇巨星
崇尚愛與和平的托爾斯泰

（一）

西元一八六九年底，《戰爭與和平》終於完稿了，家人都勸托爾斯泰好好休息一下，托爾斯泰自己也覺得需要在體力勞動中恢復一下自己的精力了。於是在這年的冬天，托爾斯泰將主要精力都放了打獵上。一八七〇年的春夏時節，他又整天用鐵鍬清理庭院，剷除雜草，布置花壇，有時還和農民們一起割草耕地。

其實，托爾斯泰一直都沒有停止過他的探索和思考。在這段時間裡，托爾斯泰又開始廣泛閱讀，他需要汲取廣泛的營養。當時，索羅維耶夫的《俄國史》，叔本華和康得的哲學著作，莎士比亞、歌德、莫里哀、普希金和果戈里等人的著作，甚至是博物學、物理學和天文學，都曾引起托爾斯泰濃厚的閱讀興趣。所有的這些知識，就像「我的元氣一樣開始流出，它在一滴一滴流，我在一滴一滴收，不管是好的還是壞的……在一個個漫長、神奇的夜裡，讓它流出總是愉快的」。

這時，托爾斯泰被一部以彼得大帝時代為背景的長篇小說構思所吸引。因為在他看來，俄國的一切都開始於這個時代，要揭開俄國社會的疑團，就必須「追溯到彼得時代」。

從一八七〇年秋開始，托爾斯泰便以其固有的熱情和一絲不苟的態度收集和研究有關彼得大帝時代的各種材料。但僅僅幾個月後，他就放棄了這個計畫。而其中最主要的原因，就是他對彼得大帝的看法與一般的意見是背道而馳的，他對俄國人引以為豪的彼得大帝時代幾

乎持完全否定的態度。他認為，這位大帝在改革時，根本不關心人民的利益，只替自己打算。

托爾斯泰對彼得時代在俄國歷史上的地位產生了懷疑，同時他又感到想像不出那個時代的生活是什麼樣子，也很難運用那個時代的語言。

總之，由於以上種種原因，這部作品未能付諸實施。

一八七〇年底，托爾斯泰又開始認真研究起古希臘文來。為了能掌握這種難學的語言，托爾斯泰是下了真功夫的。他專門聘請了希臘文教師，每天都潛心學習，連做夢都在說這種語言。經過三個月的學習，他居然奇蹟般掌握了這種語言，並能夠自由閱讀原文的《奧德賽》和《伊利亞德》，發覺了其中許多以前沒有領悟到的美。

一八七一年春，托爾斯泰的健康狀況開始不佳，常常咳嗽、肋痛，渾身乏力。索尼婭很擔心丈夫的健康，托爾斯泰也擔心自己染上肺病，於是在索尼婭的催促下，於六月初再次前往薩馬拉平原療養。

第二次薩馬拉之行，使托爾斯泰對這裡的感情進一步加深。他在給老朋友費特的信中說：

「這裡真是美極了！要不是有點懷鄉病，我簡直快樂死了！」

同時，薩馬拉的「美麗、健康，特別是它的簡潔和它的樸實的人民」，讓托爾斯泰下定決心在這裡購置地產。

經過六個星期的治療，托爾斯泰的健康大為好轉。對妻子和孩子們的思念，促使他很快就回到了波利亞納。

（二）

由於人口的劇增，在一八七〇年代初期，托爾斯泰擴建了亞斯納亞·波利亞納的住宅，在原來老房子一側新建了一座兩層樓房。樓下除了前廳、僕役室外，就是托爾斯泰的書房。

托爾斯泰非常喜歡這間新建的陳設簡單而又寧靜舒適的書房。也就是在這間書房中，他完成了被稱為「藝術之神」的經典名著《安娜·卡列尼娜》。

在一八七〇年二月二十四日，索尼婭在日記中寫道：

昨天晚上他（托爾斯泰）對我說，他的腦子裡出現一個出身於上流社會，但墮落的已婚婦女形象。他說，他的任務是將這個婦女寫得只顯得可憐而不顯得有罪；還說，這個形象一出現在他眼前，所有以前已經想到的人物和男性典型便都圍繞這個女子聚集起來，各人獲得各人的位置。

儘管構思尚未成熟，托爾斯泰也沒有馬上動筆，但以家庭為核心展開事件，這一點已經確定無疑。托爾斯泰後來還說，這部作品是他喜愛的「家庭的思想」。

在小說的醞釀階段，有兩個人對主角形象的設計和塑造產生了影響。一個是一位名叫安娜·斯切潘諾夫娜的年輕婦女，是托爾斯泰的鄰居亞歷山大·比比科夫的情婦，因為嫉妒比比科夫同家庭女教師的關係而自殺。

第十二章 創作《安娜·卡列尼娜》
（二）

　　這件事引起了托爾斯泰的注意，他後來小說的女主角就叫安娜，而且她們結束生命的方式也完全相同。

　　另一個是普希金的女兒瑪利亞·亞歷山德芙娜·加爾蒂克。有一次，托爾斯泰與妻妹塔尼婭一起到圖拉省參加舞會。在那裡，托爾斯泰見到加爾蒂克，並為她儀態萬方的美貌、得體的髮型和服飾所吸引。後來，托爾斯泰還與她長談過。可以說，小說中安娜的外貌原型主要取自於加爾蒂克。

　　一八七三年早春，托爾斯泰用了約莫兩個月的時間，奮筆疾書，草成了小說的第一稿，但當時的篇幅還比較小。可能是因為太容易就把小說的初稿寫出來了，托爾斯泰的創作激情一下子又消失了，他只好將小說的事又暫時擱置一邊。

　　這年夏天，托爾斯泰又去了薩馬拉草原。從那裡回來後，他對已經寫成的東西的評價起了根本性的變化，認為它用的是「最輕率、最不嚴謹的風格」。於是，他決定推倒重來，使之徹底改觀。

　　到了秋冬季節，托爾斯泰又沉浸在他那心愛的工作中了。他不但繼續創作《安娜·卡列尼娜》，還以他那固有的一絲不苟的性格一次次修改已經完成的章節。所以，當有人建議他在文學叢刊《群力》上先發表一部分稿件時，他堅決拒絕了。

　　直到一八七四年三月，托爾斯泰才將重新寫就的小說開頭部分的七個印張的手稿交給《俄羅斯導報》的出版人科特科夫，準備在該雜誌上陸續刊出。

俄羅斯文壇巨星
崇尚愛與和平的托爾斯泰

　　然而到了七月份，當他收到小說開頭部分的校樣後，又感到不滿意了。最後，托爾斯泰毅然捨棄了那幾個樣張，而「將有關列文和佛倫斯基的開頭部分全部重寫過」。他一遍又一遍修改或重寫，現存的《安娜·卡列尼娜》開頭部分的異稿就有十種之多。

　　從小說的初稿到最後定稿，無論從故事情節，還是從人物刻畫上，都發生了巨大的變化。在原來的構思中，女主角安娜是一個令人厭惡的女人，智力低下，崇尚肉欲和感官享受，賣弄風情，趣味低俗，在宗教問題上更是假仁假義。她迷上了年輕的軍官佛倫斯基，並離開了丈夫卡列寧，嫁給了佛倫斯基。而她的丈夫卡列寧雖然外表比較平庸，但內心善良，為人真誠；佛倫斯基則英俊瀟灑，還能寫點詩。但安娜對新建立的家庭和自己的孩子都沒有真正的感情，她不僅毀了兩個善良的人，自己最後也以自殺結束了人生。

　　這部小說最初設想的名字有《兩段婚姻》、《兩對夫妻》、《年輕太太》等。

　　而在定稿中，安娜、卡列寧和佛倫斯基的形象都發生了變化。女主角安娜具有非凡的魔力，成為高尚動人的、誠實的、真摯的人，而佛倫斯基和卡列寧則在安娜的精神和肉體兩方面的美的鮮明對比之下，顯得有些黯然失色：卡列寧成為一個麻木不仁的「政府機關裡的機器」，冷酷無情的官僚；佛倫斯基則成了彼得堡花花公子的典型。無論在精神上，還是在智力上，他們都比安娜貧乏得多。

　　這種主角形象發生的變化，也表明作者已在小說的創作主題思想

第十二章 創作《安娜·卡列尼娜》
（二）

上經過了全盤的重新考慮。

（三）

　　一八七五年，《俄國導報》上開始刊出《安娜·卡列尼娜》，在當年的前四期上發表了第一、二部和第三部的前十章。在這期間，卡特科夫曾從自己的趣味出發，要求托爾斯泰修改安娜與佛倫斯基接近的那一章。托爾斯泰斷然拒絕了，他說：

　　「那一章我絲毫不能動它。鮮明的寫實主義——像你所說的，乃是我唯一的工具。」

　　托爾斯泰在發表這部小說時，並不指望它會像《戰爭與和平》那樣成功；相反，他還擔心它會降低自己的聲譽呢。結果，《安娜·卡列尼娜》一發表後很受讀者的歡迎。當斯特霍夫和費特告訴他讀者對這部小說熱烈歡迎的情形時，托爾斯泰卻並不興奮。他只是「非常、非常高興小說沒有損害我的名聲」，因為他不相信小說能獲得極大的成功。

　　一八七六年，在時隔半年之後，《俄國導報》的前四期又發表了《安娜·卡列尼娜》第三部的後十八章和第四、第五部，引起了讀者廣泛的興趣。

　　然而，托爾斯泰卻對已發表的部分仍感到種種不滿足。他一再表示，真希望能「改寫全部已經發表的東西，刪改一切，丟掉一切，放棄一切」。於是，他又暫時中止了小說後面部分的發表。

　　按照常規，托爾斯泰在夏天一般是不動筆寫作的，主要精力都放

第十二章　創作《安娜·卡列尼娜》
（三）

在經營他在薩馬拉草原購買的莊園上。直到九月份，他才從薩馬拉草原回到波利亞納的家中，等待靈感的產生。可是一直到十一月，也沒有創作的靈感，這讓托爾斯泰感到很失望。

不過，在經過一段時間的「精神沉睡」之後，在一八七六年冬到一八七七年，托爾斯泰又一次「精神飽滿而專注」的投入到小說最後幾部的創作之中了。

一八七七年，《俄國導報》的前幾期又刊出了《安娜·卡列尼娜》的第六部和第七部。第八部本來是準備在刊物的第五期上發表的，但由於托爾斯泰與卡特列夫在內容上出現分歧而作罷。

在這部著作中，托爾斯泰對當時俄國支持塞爾維亞人的志願運動作了否定的描寫，並且尖刻諷刺了那些斯拉夫主義者和卡特列夫一類的可以用金錢收買的新聞界人士，因此引起卡特列夫的極大不滿，並向托爾斯泰提出了種種刪改要求。

托爾斯泰拒絕了卡特列夫的要求，並從他那裡收回了第八部的手稿，以單行本的形式出版了這最後的一部。此後，托爾斯泰再也沒有向《俄國導報》供稿。

《安娜·卡列尼娜》發表後，雖然引起了很大的回響，也受到了讀者的喜愛，但書評界對其卻是毀譽不一。屠格涅夫說：

「我不喜歡《安娜·卡列尼娜》，儘管也有一些確實出色的章節，如賽馬、割草、打獵等，但整體來說是不愉快的，一股莫斯科的味道、古香古色的味道……還有斯拉夫主義、貴族主義以及其他諸如此類的

東西的味道。」

民粹派理論家特卡喬夫認為，《安娜·卡列尼娜》是「沙龍藝術」的代表作，是「最新貴族風流韻事的史詩」，小說的特色是「可恥的內容空虛」。

涅克拉索夫對這部小說也不認可，他甚至還寫了一首小詩揶揄《安娜·卡列尼娜》：

托爾斯泰，你巧妙而耐心的證明，

當一個女人做了妻子和女人時，

她就不應該再跟任何人在一起「閒遊放蕩」，

不管是低級侍從或者高級侍從都一樣。

但是，更多的人看到了這部小說的藝術價值和社會價值。杜斯妥也夫斯基在小說全文發表後，立即撰文指出：

「《安娜·卡列尼娜》是一部白璧無瑕的藝術珍品，當代歐洲文學中還沒有哪一部作品可以與之媲美。……托爾斯泰簡直就是『藝術之神』。

評論家斯塔索夫也熱情讚揚道：

「列夫·托爾斯泰伯爵唱出了俄羅斯文學從未有過的高亢的調子。甚至普希金和果戈里兩個人對愛情和激情的描寫也未曾達到像托爾斯泰現在的深度和驚人的真實性……這部小說散發出了怎樣的創造力和美感啊！是多麼神奇的藝術真實的威力啊！……《安娜·卡列尼娜》將永遠是一顆閃耀著天才光芒的明亮巨星！」

第十三章 遭遇精神危機

一個人必須把他的全部力量用於努力改善自身，而不能把他的力量浪費在任何別的事情上。

——托爾斯泰

俄羅斯文壇巨星
崇尚愛與和平的托爾斯泰

（一）

到一八七三年時，托爾斯泰的家已經是個大家庭了——他有了六個孩子：四個兒子和兩個女兒。長子謝爾蓋已經十一歲，而小兒子彼得才幾個月。

為了讓孩子們受到良好的教育和培養，尤其是為了女兒的教育，托爾斯泰覺得他們應該搬到城裡去。但一想到城裡的生活，托爾斯泰就感到恐懼，因此他請求亞歷山卓幫忙為孩子們找一位具有良好文化修養的家庭教師，還請求僑居在外的妹妹瑪莎幫他從瑞士又請來一位家庭教師。

閒暇時間，托爾斯泰很喜歡逗弄孩子們，與他們一起玩耍。在寬敞的客廳中，托爾斯泰還喜歡給孩子們講故事，或者彈奏鋼琴給家人伴奏。他的二兒子伊利亞說：

「……我看見他躬身在琴鍵上，脊背由於用力而緊繃著，身旁站著漂亮的、情緒高昂的姨母塔尼婭。她的眉毛向上揚起，眼睛裡閃著火一樣的光亮。我聽著她那清脆的、略帶顫音的歌聲，又洪亮又溫柔。」

然而，這個熱鬧而愉快的家庭在經過多年的歡樂之後，悲痛接踵而來。一八七三年十一月，死神在托爾斯泰婚後第一次跨入他的家門。十一月九日，他最年幼的兒子，僅一歲半的彼得患咽喉症夭折了。小彼得聰明伶俐、健康活潑，是托爾斯泰夫婦最疼愛的一個孩子。彼得

第十三章 遭遇精神危機
（一）

的去世，讓托爾斯泰夫婦很長一段時間都不能擺脫喪子之痛。

一八七四年夏天，曾在托爾斯泰童年時代帶來母親般的關懷，並陪同他走完大半個人生的塔基亞娜姑媽也離他而去了。托爾斯泰在日記中詳細的記述了她去世時的情景：

她死的時候已經不認識任何人，可是我，她總認識。微笑閃耀著，如同一個人按了電鈕，那電燈就亮了一樣。有時，她還試圖蠕動嘴唇輕喚尼古拉（托爾斯泰的父親）的名字。這樣在死亡中，她整個、不可分離的把我和她愛了一生的他結合在一起了。

直到晚年，托爾斯泰還經常回憶起塔基亞娜姑媽。他說：

「我怎麼能不盡情讚美她呢？怎麼能忘卻她呢？她去世之後，我的悲痛真的無法形容，因為在她生前我對她的關心不夠。」

一八七四年四月二十二日，索尼婭又生了一個兒子，取名尼古拉。但這個可憐的孩子只活了十個月，便死於水腫病。

一八七五年十一月，索尼婭又早產了一個女兒。可孩子生下僅僅兩個小時，便夭折了。

然而死神並未遠走。一個半月後，比拉蓋亞姑媽也去世了。

托爾斯泰不由自主在自己家裡和死神相周旋。兩年之內，他失去了三個孩子和兩位姑媽。於是，他越來越容易想到死的問題。他在一八七六年二月二十一日給二哥謝爾蓋的信中說：

「生活中除了死亡之外，沒有任何東西，這一點我不斷感覺到。」

也是在這種環境之下，托爾斯泰對宗教的態度開始發生了微妙的

變化。西元一八七五年，圖拉神學院裡一個名叫瓦希里·伊凡諾維奇的神父被請來給托爾斯泰的孩子們講授神學。

開始時，托爾斯泰很少和神父交談，但這年的冬天，一場暴風雪將神父留在了托爾斯泰的家中，托爾斯泰才開始與他談天。兩人從晚飯後一直談到第二天拂曉。從這天開始，托爾斯泰便變得深沉了許多。

此後，他常常與瓦希里神父交談，並開始有規律的到教堂中做禮拜，難得有一個星期日不去。這讓整個村子的人都感到奇怪，人們互相詢問：

「神父跟他說了什麼？怎麼他會突然跑到教堂來了呢？」

然而，在宗教信仰方面，托爾斯泰還處於一種彷徨徘徊之中。西元一八七六年四月六日，他在給亞歷山卓的信中寫道：

說來又奇怪又可怕：對於宗教訓誡，我通通不相信，而同時我不僅仇視和蔑視沒有信仰，還認為沒有信仰就絕對無法生活，尤其是不得善終。所以，我制定了一些信條給自己，這些信條雖然堅定，但卻很不明確，很不令人滿意。當理智詢問時，這些信條能夠圓滿回答；而當心靈受苦，要求回答時，就得不到安慰和支持。我帶著理智的要求和基督教的現成答案自處時，那處境猶如要兩條合在一起、卻被手指頂住的胳膊。我希望能夠合二為一，但越是努力，情況就越發糟糕。

（二）

在托爾斯泰的精神處於惶惑不安的時候，音樂對他的誘惑增加了。西元一八七六年十二月，托爾斯泰在莫斯科逗留期間，結識了著名作曲家柴可夫斯基。

柴可夫斯基從青年時代就很崇拜托爾斯泰，認為他具有超人的才能，將托爾斯泰視為「半人半神」的偶像。

應柴科夫斯基的要求，莫斯科音樂學院院長魯賓斯坦專門為托爾斯泰舉辦了一次音樂會。音樂對托爾斯泰產生了強烈的影響，他對音樂的感覺也不是一般的欣賞，而是從心靈上去感應。因此，有時音樂可以衝破他潛在的思想和感情的閘口，給他的整個身心帶來震撼，讓他難以自持。

在結束了《安娜·卡列尼娜》的寫作後，托爾斯泰便將更多的精力用於宗教問題的研究上。西元一八七七年四月十四日，他在給費特的信中說：

您對我首次談到神——上帝，而我早就已經在不斷探索這個首要問題了。人不能考慮這個問題嗎？千萬不能這麼說。人不僅能，而且必須考慮它！不論在什麼時代，最好的，真實的人都考慮它。如果我們不能像他們那樣看待這個問題，我們就必須找出一條路子來。

同時在給亞歷山卓的信中，托爾斯泰還稱宗教「成為我心目中的救星，已經有兩年之久」。此時的托爾斯泰漸漸感到，通往上帝之路

俄羅斯文壇巨星
崇尚愛與和平的托爾斯泰

就是拯救生命之路，因此他決心探索這條路。

一八七七年七月底，托爾斯泰在斯特拉霍夫的陪同下，第一次拜訪了距離波利亞納一百三十五里的奧普京修道院。在這裡，托爾斯泰與修道院的主持阿姆夫羅西長老多次長談。

從修道院回來後，托爾斯泰開始閱讀各種不同傾向的哲學與宗教著作，希望能從中找到令他百思不得其解的問題──生活的意義、上帝的實質和意義等問題的答案。在這一時期，托爾斯泰無論做什麼，即使是打獵，也是在獵取思想，整天縈繞在他腦海的都是生與死的真諦、宗教和哲學的矛盾與衝突等等。不久之後，托爾斯泰就寫出了《基督教教義問答》和《宗教的定義》兩篇文章。

對自己過去生活的反省和對人生真諦的探求，使托爾斯泰認識到，自己以前的一些做法是不符合真正的，或者說是「最純潔的」基督教教義的。例如他認為，人在世界上是不應該有任何敵人的。在這種心態的趨勢下，西元一八七八年四月六日，他主動寫信給屠格涅夫，向他伸出了和解之手。信中說：

近來在回顧我與您之間的關係時，我又驚奇又高興。我感到，我現在對您已經毫無敵意。願上帝保佑，希望您也同我一樣有如此感受。如果是這樣，那麼就讓我們伸出彼此的手來，並請您徹底原諒我從前對不起您的一切地方。

對我來說，只記得您的好處是很自然的，因為您對我的好處曾經是那麼多得不可勝數。我記得，我的文學榮譽承情於您；我也記得，

您是多麼喜歡我的創作和我本人。也許，您也可以找到關於我的同樣良好的回憶，因為我也曾經真誠熱愛過您。

我現在真誠（如果您能原諒我的話）向您獻出我所能獻出的全部友誼。在我們這種年紀，唯一的幸福是能夠與人們和睦相處。如果我們之間能建立起這種關係，我將感到十分高興。

一個月後，屠格涅夫收到了托爾斯泰的這封信。在讀信時，屠格涅夫感動得老淚橫流，當天就給托爾斯泰寫了回信，稱托爾斯泰的信讓他「非常高興，非常感動」，同時也「非常願意恢復我們過去的友誼」。同時，屠格涅夫還表示，他準備到奧爾洛夫省，到時他會與托爾斯泰見面。

八月初，托爾斯泰一家從薩馬拉回來，屠格涅夫的信也到了，並稱他將在八月七日到達圖拉省。

這一天，托爾斯泰親自駕著馬車到圖拉車站，歡欣愉快迎接了屠格涅夫。從爭吵發生後，兩人已經有十七年未見了。如今，俄羅斯兩位傑出作家的手終於又緊緊握在了一起。

在波利亞納莊園，屠格涅夫受到了托爾斯泰一家熱情的款待，過得十分愉快。他與托爾斯泰一起談論宗教和哲學，與托爾斯泰的長子謝爾蓋下棋，聽塔尼婭歌唱，與幾個孩子遊戲。他那樂觀的性格、富有朝氣的舉止和出色的談吐，贏得了托爾斯泰一家人的好感。

此後，托爾斯泰與屠格涅夫兩人的交往恢復了正常，書信往來也多了起來。

（三）

　　一八七七年四月，俄國和土耳其之間的戰爭再度爆發。八月，俄軍在戰場上失利。這件事牽動了托爾斯泰的心，他覺得，在距離克里米亞戰爭二十年後，俄國不是變得強大了，而是更加積弱無能了。

　　為了對這一歷史現象做出解釋，托爾斯泰研究了西元一八二八到一八二九年的俄土戰爭，由此又重新想起了一八二五年的十二月黨人起義。一種創作的激情令托爾斯泰在一八七八年年初再次提筆構思起長篇小說《十二月黨人》來。

　　他廣泛收集資料，甚至不只一次前往莫斯科，走訪倖存的十二月黨人斯維斯圖諾夫和穆拉維約夫和其他人及其親屬，並且仔細參觀了關押過十二月黨人的彼得羅巴浦洛夫要塞。

　　所見所聞，激起了托爾斯泰內心一陣陣的感情波瀾。到十一月份，所有的構思、形象和時間都已醞釀成熟，然而在動筆時，托爾斯泰卻仍感到有些史料尚不清楚。為了能獲得更加詳盡的資料，托爾斯泰到彼得堡第三廳保存有十二月黨人祕密檔案和肖像的地方求助，但第三廳的檔案只有沙皇特許才能查閱。托爾斯泰想盡辦法，最終也未能如願。無奈，他的這個創作計畫只好被擱置起來。

　　誠然，托爾斯泰放棄了這部構思宏大的長篇史詩有著各種各樣的客觀原因，但考慮到《安娜·卡列尼娜》即將結束時，他那麼強烈關注宗教和哲學領域裡的問題，可見這部作品被擱置的更主要原因應該在

第十三章 遭遇精神危機
（三）

於托爾斯泰精神上的風暴已經逼近了。

在那期間，托爾斯泰多次在致友人的信中表示，他非常希望有空暇的時間去從事比教育和創作更重要的事情，他「已經沒有力量和時間去實現」自己的創作計畫了，目前對他來說最迫切的是要完成「個人方面的計畫，內心方面的，那就是：拯救靈魂」。

托爾斯泰對自己的生活狀態越來越不滿，世界觀產生了深刻的危機。他深思熟慮後得出一個結論：地主階級（他自己就屬於這個階級）不能重新振作起來，不能拯救他所熱愛的祖國的命運，也不能建立一個使人人幸福的合理社會。他看到那些與老百姓毫無共同之處的滿腦肥腸、高高在上的沙皇官吏和官僚，以及大臣和教堂執事，他們不但不能、也不想改變現狀。

他看到人民群眾因飢餓和貧困瀕於死亡，過著悲慘的生活；他看到了兩個世界——剝削者的世界和被剝削者的世界——之間不可逾越的鴻溝。因此，他明白了：他的各個階級團結的全部理想、全部希望都將成為泡影。地主和農民的利益永遠都不可能一致，而且農民本身也從來不相信地主能令他們擺脫困苦和貧窮。

托爾斯泰清楚看到：政府、地主、商人和神父們都在欺騙人民。這讓他陷入一種心煩意亂和絕望之中，甚至像《安娜·卡列尼娜》中的主角列文一樣，想過要自殺。

到底該怎樣活下去？以後應該怎麼辦？在哪裡能找到精神的支柱？

俄羅斯文壇巨星
崇尚愛與和平的托爾斯泰

托爾斯泰再一次將自己的視線轉向了勞動人民。

第十四章 精神的激變

在富有、權力、榮譽和獨占的愛當中去探求幸福，
不但不會得到幸福，而且還一定會失去幸福。

——托爾斯泰

俄羅斯文壇巨星
崇尚愛與和平的托爾斯泰

（一）

托爾斯泰對宗教和道德問題的興趣與日俱增，他渴望為自己找到一種可以擺脫精神危機的信仰。這種痛苦的求索過程後來在他一八八二年問世的《懺悔錄》中清楚體現出來：

五年之前，我開始遇到一些非常奇特的情形：起初，我有些迷惑不解，生命停頓了，我似乎不知道究竟該怎樣活著，該做些什麼。我惶惶不安，心情抑鬱。但這種時候已過去，我還像原來一樣活著。

後來，這種困惑的時刻越來越多，而且來時總是以同樣的形態。它們總是以這樣的疑問表現出來，這到底是為什麼？這到底會達到什麼樣的結果？

……生命已經讓我厭煩，某些難以克制的力量誘使我找機會擺脫它。不能說我想自殺，誘使我擺脫生命的力量比生的欲望更強大、更充沛，也更帶有一般性。這種力量和原先求生的力量相仿佛，只不過方向截然相反罷了。我竭盡全力要拋棄生命，自殺的念頭自然而然產生了，就好比過去產生過改善生命的念頭一樣。為了避免貿然實現這種想法，我不得不採取一些巧妙的方法來對付自己。

……

慢慢的，托爾斯泰心頭的迷霧開始散去。

……我一直以為，有錢、有學問、有閒的小圈子裡的人就是人類的全體，我自己就屬於這個小圈子，而千百萬生活過的、正在生活著

的別人卻有些像牛馬——並不是真正的人……很久以後，我才開始認識到，並且發問：「在千百萬生活過的、正在生活著的平常人的生命，又有什麼意義？得到過什麼意義呢？」

我本能感覺到，如果我還要活，還要了解生命的意義，我一定不能在這些已經失去生命意義的、正在盤算自殺的人們中間去尋找，我必須在過去和現在的成百上千人群中去尋找。他們了解生命的意義，他們擔負他們自己生活的重擔，甚至還擔負著我們生活的重擔。

托爾斯泰逐漸找到了答案，那就是信仰、宗教信仰。

我發現了成千百萬的人類早就有過，現在也有著一種對生命的意義的知識，那種知識就是他們的信仰。

……然而，信仰還是像以前一樣不可理喻，但我又不能不承認，只有信仰給人類答覆了生命的問題。而使得人們生活下去成為可能，也是因為有信仰。

……信仰是生活的力量，如果一個人活著，他就是有信仰的。如果他看不到、認不清有限事物的虛幻，他就信仰有限；如果他看到了有限事物的虛幻，他必然要信仰無限了。沒有了信仰，他就不能活。

正是在這種思想的驅使之下，在七〇年代末，托爾斯泰對宗教問題異常關注。他定期到教堂做禮拜，嚴格齋戒，甚至當醫生因為他的健康問題而勸他放棄齋戒時，他都要跑到修道院去徵求意見。直到從有名的修道士列奧里德那裡獲得允許後，才放棄齋戒。

一八七九年下半年，為了對宗教信仰有更深的了解，托爾斯泰接

俄羅斯文壇巨星
崇尚愛與和平的托爾斯泰

連走訪了俄羅斯的幾個著名修道院。六月，他去了基輔，那裡有著名的基輔山洞修道院，是俄羅斯的主要聖地之一。

九月，托爾斯泰去了莫斯科，會見了莫斯科宗教界的首領人物阿列克謝大主教和馬卡里主教。十月，他又走訪了謝爾蓋三一大教堂，與教堂主持列昂尼德交談。十二月，他又與圖拉的尼坎德爾大主教會面。

然而，這一系列訪問和交談卻令托爾斯泰深感失望。他在日記中寫道：

儘管我做出了一切可能的讓步，避免爭論，我仍不能接受這些人的宗教信仰。因為我發現，被他們當做宗教信仰的，不是對生命意義的一種說明，而是一種模糊的概念。他們自己肯定有自己的宗教信仰，並不是為了回答把我引向宗教信仰的生命問題，而是為了某些其他與我格格不入的目的。

……我清楚感到，他們在欺騙自己，他們像我一樣，除了能活著便是活著，凡是能到手的東西都不放過，不存在其他的生命意義。……他們的宗教信仰不是宗教信仰，而只是生活中一種伊比鳩魯式的安慰。……它對生來不是享受別人的勞動，而是創造生活的人類大多數毫無用途。

由此，托爾斯泰對東正教以及東正教教會的信念動搖了。一八七九年十月，他第一次在日記中寫下這樣的話：

「從三世紀末以及更早的時期開始，教會就是一連串的謊言、殘

忍和欺騙。」

在同年的十一月和十二月間，他還寫了《教會與宗教》、《基督教可以做什麼，不可以做什麼》兩篇文章，強調了官方教會與福音教義的南轅北轍。也是在這個時候，托爾斯泰決定整理自己的思想，著手寫作《懺悔錄》和《教誨神學批判》。

（二）

西元一八八○年春，屠格涅夫回到俄國參加紀念普希金誕辰八十周年的慶典活動。受主持此次活動的委員會委託，屠格涅夫專程前往波利亞納莊園，邀請托爾斯泰一起參加這次文壇盛會和普希金紀念碑的揭幕典禮。

與以往幾次一樣，屠格涅夫受到了托爾斯泰一家的熱烈歡迎，但他的使命卻未能完成，托爾斯泰斷然拒絕了邀請。拒絕的理由，不僅在於托爾斯泰向來對這種充滿做作的熱心的紀念活動缺乏興趣，還在於這時他對包括普希金在內的俄國文學開始有了新的評價。更主要的是，托爾斯泰覺得這件事與他正在進行的生命意義的研究和探索比起來顯然不是重要的。

托爾斯泰的此舉令屠格涅夫和俄羅斯整個文學家都感到震驚。格里格洛維奇更是乾脆揚言：

「托爾斯泰幾乎瘋了，也許已經完全瘋了……」

杜斯妥也夫斯基想再次到波利亞納莊園去勸說托爾斯泰，屠格涅夫勸阻了他，說托爾斯泰現在只關心宗教問題，對任何談話都不感興趣。所以，拜訪他可以，但動員他參加典禮，那就想都不要想了。

一八八一年六月，托爾斯泰第二次前往奧普京修道院，隨行的是他的僕人阿爾布佐夫。與上次不同的是，此次托爾斯泰身穿布衣，腳蹬樹皮鞋，肩背布行囊，完全一副農民的打扮。這一次，他追求的是

第十四章 精神的激變
（二）

在普通人的世界裡，在與那些「貧窮、樸實、沒有學問但又有信仰」的農民廣泛接觸中，接近他們的樸素生活，了解他們那些有益的見解，目的是最終與那個純真的境界即上帝的世界融為一體。

一路上，托爾斯泰飽經辛苦，但對這次出行卻毫不後悔。他認為，這是一次對於確立生活觀點最重要和最有意義的旅行。

然而，到達修道院後，接待他們的修士見他們的樣子不像有錢人，便沒有讓他們進較好的食堂，而是把他們送到最破爛的流浪者吃飯的屋子裡。吃完飯後，他們到三等客棧去住宿，負責接待住宿的修士見他們穿得破破爛爛，就不給他們房間，而要將他們送到又髒又破的普通客棧去過夜。

第二天，托爾斯泰參觀修道院的書店，想看看那裡有什麼精神食糧供給人民。在那裡，他遇到了一位老婦人，她向書店的修士要一本福音書送給她的兒子，但書店修士卻說，對於他們那樣的人，福音書是不合適的，於是就找了一本描寫修道院和聖者行跡的書給她。

托爾斯泰實在看不過去，就自己花一個半盧布買了一本福音書送給老婦人。這令書店修士很驚訝，因為一個穿得像貧民的人居然出手如此大方。他馬上派人將此事告訴修道院院長，院長派一名修士前來詢問。恰好這名修士來自亞斯納亞·波利亞納，因此立刻認出了托爾斯泰。

托爾斯泰只好換了衣服，去見阿姆夫羅西長老。兩個人又長談了一次，但並不愉快。

俄羅斯文壇巨星
崇尚愛與和平的托爾斯泰

托爾斯泰在奧普京修道院並未久留，他對長老們深感失望，然而對那些普通的老百姓卻越來越讚賞和欽佩，普通人民的智慧和善良更令他讚嘆不已。從這次以後，托爾斯泰同東正教離得更遠了。

從奧普京修道院回來後，托爾斯泰又於同年七月到薩馬拉草原去做馬奶酒治療。在薩馬拉草原，每天一大早，托爾斯泰就起床，然後騎馬外出，找老年人聊天，或者愉快地打水鴨子。

不論是路途的艱辛，還是行旅中的困難，抑或年齡，都沒能讓托爾斯泰停下腳步。索尼婭說他「像個瘋子一樣尋找著風暴」，托爾斯泰對這句話表示贊同。

托爾斯泰的世界觀發生了改變，尤其是在宗教道德觀念上發生了變化，這也給他的家庭帶來了不和，導致他與妻子之間關係日漸緊張，並且讓他在精神上感到更加孤獨。

（三）

一八八一年秋，托爾斯泰一家遷居到莫斯科，這是孩子們小時候就決定了的事。現在，孩子們都長大了：長子謝爾蓋已滿十八歲，想報考莫斯科大學；長女塔基亞娜十七歲，愛好繪畫，想進莫斯科美術雕塑學院深造；二兒子伊利亞和三兒子列夫也該上中學了。而夫人索尼婭早已在鄉下待夠了，非常渴望城市生活。

托爾斯泰雖然不願住在大城市裡，但拗不過一家人的要求，只好在莫斯科租了一套住宅，於當年九月全家搬到了莫斯科。

在莫斯科剛剛住了一個月，托爾斯泰就感到十分痛苦。十月五日，他在日記中寫道：

臭味、瓦礫、奢侈、貧窮、腐化，掠奪民眾的惡棍集合在一起，他們招募士兵，雇用法官，以保護他們尋歡作樂、花天酒地的生活。人民再沒有其他辦法，只好利用這些人的欲壑，把被奪走的東西再從他們手裡騙回來。農民對這種事最機靈，他們把妻子留在鄉下，而他們就給我們的地板打蠟，在澡堂裡給我們搓背，還要充當馬車夫。

一個月過去了，我生平最痛苦的一個月。遷居莫斯科，大家都忙著布置——他們什麼時候才能開始過日子呢？這一切的安排都不是為了過日子，而是為了排場。真是不幸。這不是生活。

為了擺脫苦悶，托爾斯泰乘船渡過莫斯科河，登上麻雀山，遠離城市生活，在大自然的懷抱中求得休息。當他在樹林中遇到做活的農

人，就愉快的與他們一起鋸木頭、劈柴，長時間交談。

托爾斯泰還從莫斯科前往特維爾省去會見與自己志同道合的農民修塔耶夫。這位農民同托爾斯泰一樣，否定一切暴力，不承認私有制，否認官方的教會和宗教儀式，宣揚兄弟情誼與博愛，還認為基督公社是實現「按上帝方式生活」的理想形式。他說：

「田地不該分，森林不該分，房屋不該分，這樣，房屋就不必上鎖，警衛就可以撤銷，貿易無需存在，法官無用，戰爭也不會發生。大家同心同德，不分你我，一切都屬於公社。」

托爾斯泰在拜訪了修塔耶夫之後，修塔耶夫又到莫斯科拜訪了托爾斯泰。在城市裡，修塔耶夫的舉止淳樸而又得體，同任何人交往都落落大方。當他講話時，人們覺得他所講的每一句話都是經過深思熟慮而且有充分根據的，要動搖他的信念是不可能的。

托爾斯泰說，他同修塔耶夫是不同的兩個人，但卻悟出了同一種信仰。修塔耶夫的宗教熱情對深感孤獨的托爾斯泰是一種心靈上的安慰。

修塔耶夫的兒子因為拒絕宣誓，不去服兵役，被遣送到施呂瑟爾堡感化營。而修塔耶夫在托爾斯泰家中逗留引起了員警的懷疑，憲兵們來到托爾斯泰家，要求托爾斯泰解釋修塔耶夫的信仰和來莫斯科的目的。托爾斯泰認為自己完全沒必要向憲兵解釋，並指了指門，請他們離開。

不久後，修塔耶夫就離開了莫斯科，這讓托爾斯泰既難過又氣憤。

　　一八八一年十月三十一日，托爾斯泰的小兒子阿列克謝誕生了，但這並沒有讓托爾斯泰愛上在莫斯科的生活。他對上流社會的交際沒有興趣，希望了解城市中貧民的生活。

　　一八八一年十二月，托爾斯泰頂著凜冽的寒風，訪問了莫斯科窮人聚居的希特羅夫市場，第一次面對面地看到了病弱憔悴的城市貧民，以及他們夜間棲身的廉價夜店。那裡的情形讓托爾斯泰感到驚訝和憤慨。

　　市場的周圍到處都是衣衫襤褸、缺衣少食、甚至隨時可能倒斃街頭的流浪漢、乞丐、妓女、失業者和農民。托爾斯泰與他們攀談起來，了解到這些貧民中不少都是來自外省的農民。他們在農村待不下去了，就只好流落到城市裡打工糊口。可工作沒了，就得挨餓、乞討，甚至連回家的路費都沒有。

　　托爾斯泰充滿同情的從附近的小販那裡要來幾杯熱糖水，並掏出自己隨身帶的零用錢準備給他們。沒想到周圍的窮人蜂擁而上，「他們的臉一張比一張更可憐、更疲憊、更屈辱」。這一切讓托爾斯泰感到不寒而慄。

（四）

回到家後，托爾斯泰走上鋪著地毯的樓梯，走進鋪著布地毯的大廳，脫下他的皮大衣。這時，餐桌上已經擺好了有五道菜的晚餐，兩個身穿號衣、打著白領結、帶著白手套的僕人在一旁服侍著。這道晚餐讓托爾斯泰難以下嚥，他想到了那些沒飯吃、沒屋子棲身的窮苦人。在莫斯科，生活著成千上萬那樣的窮人，而自己卻飽食著牛排和鱒魚，用布匹和地毯覆蓋著馬匹和地板。「這是一種罪惡──不管世界上一切有學問的人會怎樣說它們是必須的──是一種不只犯一次，而且在不停犯著的罪惡」。

這天晚上，托爾斯泰將自己在希特羅夫市場的見聞說給一位來訪的朋友聽，不料朋友卻不以為然。他說事情一直就是這樣的，而且也必須這樣，這是文明國家裡一種不可避免的情況。

托爾斯泰被朋友的觀點激怒了，開始反駁朋友。他講得那麼激動，甚至熱淚盈眶，以至於索尼婭從隔壁跑過來，問到底發生了什麼事？

只見托爾斯泰站在那裡，衝著他的朋友揮動著隔壁，大聲喊道：

「一個人不能夠那樣生活，不能！」

托爾斯泰開始對自己占有的財產感到痛苦，並開始產生擺脫財產的想法。他在日記中寫道：

「把我所有的東西都交出去，這不是為了行善，而是為了做一個罪過比較輕的人。」

第十四章 精神的激變
（四）

　　此後，他開始廣泛地向四周散發錢財。托爾斯泰的這一行為令索尼婭感到十分震驚。她後來回憶說：

　　「列夫新近的心情，還表現在他突然不分青紅皂白開始散發出許多錢財，對一切人都有求必應。我也試圖勸阻他，對這種施捨也應該有個節制，應該知道你把錢都給了什麼人，你為什麼要給他。但是，他總是用福音書裡名言回答我：『有求你的，就給他。』。」

　　索尼婭當然不了解，托爾斯泰這樣做是為了解脫自己身上的罪惡，解除私自占有財產的罪惡。自從他經歷了心靈和精神的風暴之後，對自己自我改造以來，現在是到了他接受、並要去奉行那些確定了的觀點的時候，私有財產就成為他不能忍受的了。

　　托爾斯泰還想進一步了解貧民生活，於是在一八八二年初，托爾斯泰主動要求參加莫斯科的人口調查。他將此次人口調查看成是一次可以開始慈善救濟的大好機會。

　　托爾斯泰被分配到斯摩稜斯克市場區的普羅多奇胡同，這裡是「最可怕的貧困和墮落的巢穴」──勒札諾夫大雜院。這是按照房產商人勒札諾夫的姓氏來稱呼的。

　　莫斯科人口普查為期三天，托爾斯泰在《論莫斯科人口普查》一文中說，普查的目的是學術性的，人口普查應該揭示改善人們生活的規律和結論。他認為，「數字和結論將是一面鏡子」，在這面鏡子中，能看到成千上萬無衣無食的人是怎樣生活，有多少人由於飢寒交迫而瀕於死亡。

俄羅斯文壇巨星
崇尚愛與和平的托爾斯泰

　　參加人口普查後，托爾斯泰對統治階級更加痛恨，對一切被壓迫和被奴役者的同情也更加強烈。城市生活令人窒息的氣氛讓他喘不過氣，難以忍受，他渴望回到亞斯納亞·波利亞納，一八八二年二月，托爾斯泰獨自一人回亞斯納亞·波利亞納去生活了。

第十五章　走向人民

一切使人團結的是善與美，一切使人分裂的是惡與醜。

——托爾斯泰

俄羅斯文壇巨星
崇尚愛與和平的托爾斯泰

（一）

在回到亞斯納亞·波利亞納後，托爾斯泰的心情也無法平靜下來。他強烈希望改變自己的生活，認為「我們這些不但富有而且享有特權的所謂有教養的富人，在錯誤的道路上已經走得太遠了，因此我們要猛醒回頭」；「一個人如果真的不喜歡奴隸制，也不想奴役別人，那麼他要做的第一件事，就是不透過為政府效勞的方式，不透過占有土地的手段，也不利用金錢的手段享受別人的勞動」。

一八八二年二月，托爾斯泰曾返回莫斯科小住，但幾天後就又返回了波利亞納。托爾斯泰的這種近乎狂熱的精神追求給他的家庭蒙上了一層陰影。索尼婭希望丈夫對宗教問題的熱情能冷卻下來，重新做一個關心孩子的父親、體貼妻子的丈夫和撰寫傳世巨作的作家；而托爾斯泰則希望索尼婭同情並認同自己的信念，理解自己的追求。但是，他們卻越來越深刻地意識到了彼此之間的分歧。

由於妻子的一再要求，托爾斯泰在莫斯科城裡又買下一所住宅。這所住宅位於城市的西南角，距離莫斯科河不遠的織匠巷。在經過一番裝修整理後，十月，一家人遷入了新居。

很快，這所房子裡也像亞斯納亞·波利亞納一樣，成為人們嚮往的地方。在以後的歲月裡，許多來自國內外的人士都絡繹不絕來到這裡，拜訪他們景仰的作家和志同道合的朋友。其中，畫家列賓就是這裡的常客。

第十五章 走向人民
(一)

　　托爾斯泰與列賓於一八八〇年秋天相識，從此兩人便建立起終身不渝的友誼。他們常常一起交談，列賓後來回憶說，托爾斯泰的「談話充滿熱情，極其激烈，讓我感到不安，腦子裡常常縈繞著他那對陳腐生活的尖刻評論」。

　　一八八二年四月，托爾斯泰從格里格洛維奇那裡得知屠格涅夫患病的消息，感到非常不安。由於想和屠格涅夫會面，托爾斯泰甚至籌畫動身前往巴黎。

　　然而遺憾的是，屠格涅夫的病情不斷惡化，終於不治。一八八三年六月底，在病危期間，屠格涅夫勉強支撐著，親手給托爾斯泰寫了一封信：

　　親愛的、尊敬的列夫·尼古拉耶維奇，我很久沒有給您寫信了，因為我，照直說吧，已經臥床不起，快進墳墓了。我不可能痊癒，無需指望了。我現在寫這封信，是特別想告訴您，我是多麼高興能夠做您的同時代人，同時也是為了向您陳述我的最後請求。我的朋友，回到文學事業上來吧！要知道，您的文學才華是卜天賦予您的。啊，要是我能知道，我的請求對您起了作用，我將會多麼幸福！

　　……我的朋友，俄國大地上的偉大作家，請接受我的請求吧。如果您收到這封信，請讓我知道，並請允許我再次緊緊擁抱您、您的妻子、您家中所有的人。我不能再寫了，很疲憊。

　　這是屠格涅夫的最後一封信。一八八三年九月三日，屠格涅夫與世長辭。他要求將自己葬在彼得堡別林斯基的身旁，人們照作家的要

求辦了。

噩耗傳來，托爾斯泰的心情極其沉重。那些天，他總是念叨屠格涅夫，還四處打聽屠格涅夫患病和逝世前的詳情。

不久，俄羅斯文學愛好者學會籌備舉行屠格涅夫紀念會，並邀請托爾斯泰參加。這次，托爾斯泰欣然答應，並準備在會上作公開的演講。

消息傳出後，整個莫斯科都為之轟動。然而，政府當局十分擔心托爾斯泰會在演講上發表過激的自由思想言論，因此，莫斯科總督多爾戈魯科夫公爵要求俄羅斯文學愛好者學會主席尤裡耶夫用「體面的理由」宣布該會籌備的屠格涅夫紀念會「無限期延遲」。

（二）

　　沙皇政府和東正教教會對托爾斯泰的言行感到害怕和不滿。一八八二年二月中旬，當局傳令各地，密切注視托爾斯泰與分裂教派關係上的「有害活動」；九月底，莫斯科警察局開始派特務祕密監視托爾斯泰。

　　這年的十二月和一八八三年的九月，托爾斯泰又分別拒絕擔任克拉皮文縣貴族長和法庭陪審員職務，更加引起當局，包括沙皇亞歷山大三世本人的憤怒，認為「政府應該給予無條件譴責，必須採取必要措施以防止類似的、非善意的現象發生」。

　　一八八三年夏，托爾斯泰的《我的信仰是什麼》一文脫稿，九月底付印。但他照例又重新改寫了一遍，直到一八八四年一月底才最後定稿。

　　然而，這篇文章也遭到和一八八二年問世的《懺悔錄》一樣的命運：書報檢查機關不准印行。最終，文章是以膠印和油印本的形式傳播出去的。

　　在《我的信仰是什麼》中，托爾斯泰更加清楚地表明他義無反顧地離開了東正教，明確承認耶穌的不以暴力抗惡是他的指導原則。在這篇文章裡，他寫道：

　　《馬太福音》的第五章有一段話：「你們曾聽見有這樣的教訓說：『以眼還眼，以牙還牙。』」但我要告訴你們，不要向欺負你們的人報

俄羅斯文壇巨星
崇尚愛與和平的托爾斯泰

復。」這段話是我為人處事的圭臬。我茅塞頓開，領會了這段話的涵義。耶穌基督的話說得直截了當。刹那間，並非出現了什麼新的東西，而是擋住真理的翳障通通消失，真理的全部涵義清清楚楚出現在我面前。

一八八三年秋，托爾斯泰結識了志同道合的切爾特科夫。切爾特科夫出身於一個富有而自由的貴族家庭。他的母親的娘家與十二月黨人有著密切的關係，母親的叔父車爾尼雪夫曾參加過十二月黨人起義，因而被流放到西伯利亞；她的姑母嫁給了著名的十二月黨人穆拉維約夫——他曾被判死刑，後改為流放西伯利亞；她的妹妹嫁給了一位有錢的地主帕什科夫。一八七四 年，帕什科夫放棄上流社會的生活，形成了一個被稱為「帕什科夫派」的教派。

所以，切爾特科夫在母親及其家人的影響之下，具有越出專制主義和東正教框框的觀點。一八八一年，他不顧父親反對退了伍，並從朋友那裡了解到托爾斯泰的觀點跟他相近後，前來拜訪托爾斯泰。兩人很快就成為志同道合的好朋友。後來，切爾特科夫成為托爾斯泰著作的編輯和出版者。托爾斯泰的宗教哲學著作雖屢遭查禁，但還是得到了廣泛流傳。這一點，與切爾特科夫的努力是分不開的。

在托爾斯泰逝世後，切爾特科夫成為出版托爾斯泰全集的主要委託人。托爾斯泰的九十卷版本紀念全集大部分都是經切爾特科夫編輯出版的。

到了一八八四年時，托爾斯泰仍然全神貫注研究這些，但此時他

已經不再花太多的精力研究西歐哲學了，而是開始研究東方民族的哲學。他津津有味閱讀中國思想家孔子的著作，研究中國的各種諺語並摘錄，尤其是摘錄與他的思想和觀點相近的諺語。

但是，先哲們的偉大真理並不能令托爾斯泰擺脫頭腦中那些對人民的悲痛、貧困和苦難的各種思慮，而且這些先哲們也不能對那些折磨他的關於改善農民生活的問題給以解答。

因此，他又開始轉向研究經濟學著作，並對美國經濟學家亨利·喬治的《論土地國有化》一書讚不絕口。

（三）

　　這一時期，托爾斯泰的生活日趨平民化，他盡量自己料理自己的生活，並更多參加一些體力勞動。為了替自己一生所過的貴族生活贖罪，從一八八四年起他不再吃肉，連煙酒也都戒掉了。家人對他的舉動都非常不理解，他的關於改變家庭生活方式的談話也常常遭到家人的反對和嘲笑。托爾斯泰與家人的關係再度緊張起來。

　　一八八四年六月，托爾斯泰提議將薩馬拉莊園農民還的債都就地分給農民，索尼婭堅決反對。六月十七日傍晚，夫妻間爆發了一次激烈的爭吵。當晚，托爾斯泰第一次離家出走。

　　在接下來的幾個月裡，托爾斯泰對這件事一直耿耿於懷，他的日記中經常出現這樣的話語：

　　「我不知道應該怎樣拯救自己擺脫痛苦，拯救她擺脫她正全力以赴的滅亡……我不離家出走也是枉然。看來，此事尚未了結。」

　　作為托爾斯泰的妻子，索尼婭對丈夫的文學事業給予過很大的支援和幫助，並且也一直深愛著他。同時，她也看到了世界觀激變後的托爾斯泰的內心世界：

　　「他為人民所受到的不幸和不義而痛苦，為人民的貧困而痛苦，為桎梏於監牢中的人們而痛苦，為人民的憤恨、沮喪而痛苦──所有這一切都強烈地作用於他那敏感的心靈，讓他的生命受到煎熬。」

　　但是，索尼婭從內心懷疑托爾斯泰提出的道德準則和實行的生活

方式的合理性。她表示，自己對這些準則持贊許態度，也許「五百年後，人民會走上他指出的道路」，但現在，它們不可能「在生活中付諸實施」。

索尼婭的話是有道理的，但關鍵在於，她仍然無法理解托爾斯泰的精神追求，不理解托爾斯泰的創作，乃至他的生命，與這種追求都是分不開的；而她自己也無力改變已形成的生活準則和生活道路，這就決定了她與托爾斯泰之間的衝突和矛盾是不可避免的。這些矛盾和衝突，也成為托爾斯泰晚年家庭危機和悲劇的序曲。

在此時期，托爾斯泰還對農民出版物的狀況給予了極大的關注。那時在俄國，適合民眾特別是農民閱讀的通俗讀物非常少。即使有一些，也多維粗俗低劣的小冊子。於是在一八八四年秋，托爾斯泰與他的合作者在莫斯科組織了一個媒介出版社，旨在為民眾發行一些廉價的書籍、圖畫等，將那些淺薄、粗俗的出版物從市場上排擠掉。

為了創作和出版大眾讀物，托爾斯泰研究了大量淺顯易懂的讀物和民間故事，還閱讀了《俄羅斯民間傳說集》，以及狄更斯的長篇小說《荒涼山莊》和《奧列弗·特維斯特》。他建議切爾特科夫改寫上述作品，然後由媒介出版社出版。

為了向平民百姓介紹世界偉大的文學作品，托爾斯泰想在媒介出版社出版德國、法國和英國等國的所有名著，如伏爾泰、盧梭、斯威夫特、賽凡提斯等人的作品。

媒介出版社最早推出的是托爾斯泰創作和改編的民間故事，為此

他也付出了極大的熱情和艱辛，並將其視為「最重要的事情」。

他先後寫成了《兩兄弟與黃金》、《人靠什麼生活》、《蠟燭》、《放火容易熄火難》、《伊利亞斯》、《傻子伊萬的故事》等許多具有影響力的作品。表面上看，這些出版物與以往那些粗俗出版物相似，但內容卻完全不同。

(四)

媒介出版社出版的書籍內容通俗，價格低廉，很快就贏得了讀者的青睞。後來，不少作家和青年學生都自願加入到媒介出版社，從事對世界各國著名作家的作品的改寫工作。

在前四年裡，出版社就發行了一千兩百六十萬冊圖書。而且，出版社出版的圖書品種也不少，僅前十年就出版了托爾斯泰、奧斯特洛夫斯基、薩爾迪卡夫‑謝德林、契訶夫、柯羅連科、迦爾洵、列斯科夫等作家的兩百五十多種作品。其中，托爾斯泰的作品占了四十四種之多。

在許多作品當中，托爾斯泰都描寫了社會的黑暗、人民的不幸，也批判了老爺的貪婪和殘暴，但在評判善惡的時候，又往往滲入他的寬恕、順從以及不已暴力抗惡的觀點。

在創作民間故事的同時，托爾斯泰還寫了一些劇本和小說。在八〇年代的中後期，托爾斯泰創作的小說主要有三部，分別是：一八八六年創作的中篇小說《伊凡‧伊里奇之死》、一八八七年到一八八九年創作的《克羅采奏鳴曲》和一八八九年創作的《惡魔》。

同時，在八〇年代中期托爾斯泰還陸續創作了幾部傑出的戲劇作品，這也是他這一時期最主要的藝術成就。

其實早在托爾斯泰剛剛踏入文壇不久的五六十年代，他就寫過《貴族家庭》、《一個感染了瘟疫的家庭》等幾部多幕喜劇，但這些劇作

俄羅斯文壇巨星
崇尚愛與和平的托爾斯泰

在思想上和藝術上都尚欠成熟。因此，嚴格來說，作為劇作家的托爾斯泰應該從八〇年代中期算起。

晚年時期的托爾斯泰對戲劇產生興趣絕非偶然。在經歷了世界觀的激變之後，他更加渴望透過直觀、形象、平民易於接受的戲劇形式來更好地反映農民問題和社會問題。也正因為如此，他所創作的戲劇被稱為「人民戲劇」

一八八六年秋天，托爾斯泰完成了五幕悲劇《黑暗的勢力》。這部劇本將俄國農村的黑暗面貌以戲劇的形式真實反映出來。

一八六一年是農奴制改革，為俄國資本主義的發展開闢了道路，農村出現了階級分化。到八〇年代初期，農村宗法制瓦解加劇，金錢主宰一切的社會風尚開始猛烈襲擊者俄羅斯的農村。

托爾斯泰就是從這一時期發生在圖拉省西多羅卡佛村的一樁真實事件取材，使之成為《黑暗的勢力》劇作的情節基礎的。

在一八八〇年的一月十八日，圖拉省西多羅卡佛村的農民克羅斯科夫在他的繼女結婚那天，正準備動身去教堂時，突然良心發現，向村民懺悔自己的罪行：他曾和繼女發生過不正當的關係，並生下一個孩子，而他卻將這個孩子殺死了，埋在籬笆的下面。他還打算殺死自己六歲的女兒。圖拉省法院審理了這個案件，

托爾斯泰從法院檢察官那裡了解到整個案情。他認為，這件事十分重要，說明俄國社會的黑暗極有說服力。於是，他就以這個案件為基礎，寫成了劇本《黑暗的勢力》。

（五）

　　《黑暗的勢力》這部劇作具有很高的藝術成就，無論是人物塑造、戲劇衝突、場景安排，還是對話處理、氣氛烘托，都可謂別具匠心。因此，這部戲劇在剛剛完成時，就在莫斯科和彼得堡的文藝界傳開了。亞歷山大劇院著名的女演員薩文娜寫信給托爾斯泰，請求他將首輪上演權讓給該劇院。

　　然而在十一月底，《黑暗的勢力》送交書刊檢查機關審查時，審查機關以劇本「淫穢而且沒有文學性」為由不准付印。其實他們害怕的是：劇本以不可思議的力量表現出人類作出的任何懲罰都是沒有道理的；與上帝的懲罰相比，員警、監獄、苦役等都沒有什麼意義。

　　《黑暗的勢力》不能獲得出版，只能在朋友中間傳著看，但凡是看過這部作品或聽過朗誦的人，都對這個劇本讚不絕口。

　　消息傳到沙皇的耳朵裡，他也想讀一讀這個劇本，於是便差人去要劇本。一八八七年一月二十七日，在亞歷山大三世的密友沃隆佐夫‑達什科夫伯爵家中，斯塔霍維奇為包括沙皇亞歷山大三世、幾位公主和一些近臣在內的皇家人士朗誦了《黑暗的勢力》。

　　事後，斯塔霍維奇回憶那天的情景說：

　　「第四幕給人產生了強烈的印象。可以看出，他抓住了在座全體聽眾的心。在朗誦休息時，人們眾口一詞加以讚揚。五幕讀完，全都默默無語。這時皇帝開口說：『這可真是佳作！』這一句話打開了大

家的話匣子。隨後,周圍便爆發出一片讚美之聲。」

有了皇上的讚揚,亞歷山大劇院立即準備上演這個劇本,並事先排練了十七次。劇院還派人到亞斯納亞波利亞納考察農民的生活環境。

同時,《黑暗的勢力》還收入到托爾斯泰夫人編訂的全集中,由媒介出版社出版初版印。出版印製了一點二萬冊,後來有加印兩萬冊,最後又印了四萬冊,十分暢銷。

就在亞歷山大劇院準備上演這個戲劇時,主管宗教事務的波別多諾斯采夫給沙皇寫信,請求皇上收回成命,禁止亞歷山大劇院上演該劇,因為他認為這個劇本「否定理想、貶低道德情感、侮辱趣味,這樣的東西我無論在什麼樣的文學裡都沒有見過」,而且「該劇於帝國各劇院上演之日,必將是我國舞台急劇墮落之時」。

沙皇雖然也喜歡這個劇本,但他不願意為了托爾斯泰的一個劇本而得罪東正教最高會議總長,因此只好下令:

「鑒於該劇過分現實且其情節令人恐怖,不准上演該劇。」

劇本雖然在俄國禁演了,但在西歐,從西元一八八八年開始便風行於法國、瑞士、義大利等國,並廣受好評。在英國上演時,著名作家蕭伯納撰文對其予以高度讚揚,認為在所有劇作家中,只有托爾斯泰「才有一支摧毀一切的筆」。

迫於各方面的壓力,直到一八九五年,《黑暗的勢力》才被允許在俄國上演。這時,已經是尼古拉二世在位了。

第十六章　日漸緊張的家庭矛盾

幸福的家庭都是相似的，不幸的家庭各有各的不幸。

　　　　　　　　　　　　　——托爾斯泰

（一）

　　一八八九年初，在托爾斯泰身上出現了回歸藝術創作的跡象。在這兩年，他除了為農民兄弟寫的短篇小說、一個劇本和《伊凡·伊里奇》以外，已經很久沒有從事這項工作了。

　　在這之前的兩年中，托爾斯泰的生活更加平民化，甚至有人戲謔的稱他為「農民伯爵」。他經常在烈日炎炎、晴空萬里的天氣裡，身穿一件沒有領子的白色貼身襯衫和一條肥大的、幾乎沒有樣子的家織亞麻布做的褲子，腳上穿一雙笨重的小牛皮製的靴子，扛著農具到田間去勞動。

　　對於這時的托爾斯泰來說，除了生活簡樸之外，參加體力勞動已經成為他生活的必需。為此，他甚至占用了大量的創作時間。他認為，體力勞動就像空氣一樣必不可少。他已經將體力勞動，特別是「同農民一道勞動」視為平息自己良心的呼喊的必要手段了。

　　與此同時，托爾斯泰仍然在不斷探索著他的宗教道德。他先後寫下了《我的信仰是什麼》、《論生命》、《關於兩性之間的關係》等長篇論文。但到了一八八九年初，他想重新創作的欲望才再一次迸發出來。

　　托爾斯泰一直都在構思一部有關兩性主題的作品，只是書名一直沒有定下來。在一八八八年春天的夜晚，托爾斯泰在莫斯科住宅裡來了幾位客人，其中有畫家列賓，有演員安德列耶夫·布林拉克，有提琴

第十六章 日漸緊張的家庭矛盾
（一）

家拉索多和一個音樂學院的學生。

在聊天中，大家要求托爾斯泰的大兒子謝爾蓋與提琴家拉索多一起演奏幾支曲子。於是，這兩個年輕人就懷著特殊的激情演奏了貝多芬獻給克羅采的奏鳴曲。

托爾斯泰對貝多芬的這首奏鳴曲特別欣賞，特別是對奏鳴曲的第一部分印象最為強烈。在場的人對托爾斯泰在欣賞過程中的專注感到驚訝。於是大家議論紛紛，說如果由托爾斯泰寫一篇以克羅采奏鳴曲為題材的小說，由列賓作插圖，讓安德列耶夫·布林拉克演出，那將多麼完美啊！

可惜的是，這個想法當時並沒有實現：因為不久，安德列耶夫·布林拉克就去世了。但在托爾斯泰的腦海中，醞釀已久的小說題目基本上就這樣定了下來。在以後的一年多的時間裡，托爾斯泰一直在構思《克羅采奏鳴曲》。

一八八九年上半年，托爾斯泰開始提筆創作《克羅采奏鳴曲》。三月十四日，他在給烏盧梭夫的信中說：

「關於中篇小說的傳聞是有根據的。兩年前，我就草擬了一部確係談論兩性問題的中篇小說，但寫得很草率，不能令人滿意。如果這個構思再拿出來，那麼，就要從頭開始才行。」

這部中篇小說的創作頗費周折，斷斷續續持續了近兩年的時間。托爾斯泰時而對小說很冷漠，甚至感到厭煩；時而有充滿激情和創作的欲望。

俄羅斯文壇巨星
崇尚愛與和平的托爾斯泰

　　《克羅采奏鳴曲》這部小說，整篇都包含了對肉體愛欲的猛烈抨擊，無情揭露了上流社會中充滿虛偽、墮落與罪惡的兩性關係和家庭婚姻關係，甚至達到空前激烈的程度。他藉小說主角波茲尼雪夫之口說：

　　「婚姻在我們這個時代只不過是一種欺騙！……我們上流階級的全部生活，連同它種種的無恥現象，簡直就等於是一所道道地地的妓院。」

　　同托爾斯泰的其他小說一樣，《克羅采奏鳴曲》中的一些情節也源自於托爾斯泰自身的生活。比如，托爾斯泰在描寫主角波茲尼雪夫的生活時，反應了他自己與妻子關係的某些方面：柔情和冷漠階段、不和、爭吵。這一切都源自於兩人的家庭生活。

　　不過，由於這部小說中對於兩性關係的描寫言辭和觀點都過於激烈，因而未能通過政府書報檢察官的檢查，沒有公開出版，但石刻本卻開始在民間流傳。托爾斯泰在兩性關係上的看法如此尖銳，在社會上產生了巨大的影響。藝術評論家斯塔索夫說：

　　「托爾斯泰的《克羅采奏鳴曲》完全可以同莎士比亞的作品相媲美。」

　　羅曼·羅蘭也稱，《克羅采奏鳴曲》是「壓縮了的真正的心理劇」。

　　然而同時，這部小說也對托爾斯泰的家庭關係產生了影響，因為托爾斯泰在《克羅采奏鳴曲》中闡述的許多思想是索尼婭無法接受的；而且，許多讀者也都認為托爾斯泰描寫的就是他們夫妻之間的生活。

第十六章 日漸緊張的家庭矛盾
（一）

結果上至俄國沙皇，下至他們家的親朋好友，都可憐起索尼婭來。

　　索尼婭也自認小說中的鋒芒就是衝著她來的，結果令她在全世界人們的眼中都失去了尊嚴，破壞了她與托爾斯泰之間殘存的愛情。因此，自從小說完成之後，索尼婭就對托爾斯泰心存芥蒂。

（二）

一八九〇年，亞斯納亞·波利亞納莊園的幾個農民砍伐了托爾斯泰種的幾棵樹，並將他們從樹林中運走。索尼婭一氣之下，將這件事報告了官府，結果幾個農民被判處了六個星期的監禁。

這件事令托爾斯泰十分痛心，並最終爆發了十一月十六日兩人之間的一次劇烈爭吵。直到凌晨五點，兩人都互不相讓。托爾斯泰覺得因為他的私人財產而令農民被判刑，心中十分難過，他甚至不能入睡，也無法工作。

在這次事件後，托爾斯泰擺脫私有財產的願望越來越強烈。他決定向政府提出一份聲明，表明他不承認私有制，放棄自己對私有財產的權利，讓家庭成員按照他的辦法來處理財產。

但由於索尼婭及家庭成員的反對，托爾斯泰沒有這樣做，只是在一八九一年三月十日向索尼婭表示，他要放棄近幾年作品的一切權利。對此，索尼婭也堅決反對，最終著作權問題也未能解決。但是，對現有家產的分割卻是勢在必行。

四月十七日，托爾斯泰簽署了財產贈予書，將他的財產分成九份，每份約五萬盧布。除了女兒瑪莎和父親一樣，拒絕接受財產之外，其餘的人各得一份。亞斯納亞·波利亞納莊園的財產歸索尼婭和最小的孩子萬尼奇卡共有。

這年七月，托爾斯泰又提出放棄一八八〇年以來他所寫著作的版

第十六章 日漸緊張的家庭矛盾
（二）

權的打算，再次遭到索尼婭的激烈反對，甚至爭吵鬧到索尼婭要自盡的地步，最終此事再次被擱置起來。

這讓托爾斯泰很難過，他在七月十四日的日記中寫道：

「她不明白，孩子們也不明白，他們所花的每一個用書掙來的盧布，都是我的痛苦和恥辱。恥辱我只好接受，但為什麼要削弱那些真理可能發生的作用呢？看來只好如此。沒有我，真理也會發生它的作用的。」

一八九一年九月十六日，經過長時間的爭執和爭吵，索尼婭被迫做出讓步，托爾斯泰放棄了近年來著作的版權。《俄羅斯新聞》和《新時代報》刊出了托爾斯泰的如下聲明：

我向一切願意在俄國出版我的著作的人，向一切願意在國外翻譯我的著作的人，同樣，向一切願意上演我的劇作的人，無償地提供他們出版、翻譯和上演的權利。這些著作包括一八八六年出版的文集第十二卷和今年即一八九一年出版的文集第十三卷中所有作品，以及從今往後我將寫出的尚未發表的一切作品。

這次，索尼婭早已有了心理準備，因此托爾斯泰放棄版權的聲明發表後，她並沒有與其爭吵。

（三）

一八九一到一八九二年，俄國中部多省爆發了罕見的大旱災。托爾斯泰聽了目擊者講述了災荒的情況之後，在亞斯納亞·波利亞納待不下去了。他馬上同女兒瑪莎一起前往梁贊省別吉切夫卡村，在村裡開設賑災施食點。

為了吸引輿論界對災民的關注，托爾斯泰撰寫了《論飢荒》一文，對受災的貧民寄予了同情，對老爺們則給以無情的揭露。

十月中旬，在完成這篇文章後，托爾斯泰將其寄給《哲學和心理學問題》雜誌，準備發表。可是，刊載此文的該期雜誌卻被當局查禁了，後被大量刪改，才以《援助受飢荒的農民》為題發表在次年的《一週讀物》上。

但是，這篇文章的全文卻早已刊載在歐洲的許多報刊上，並以手抄本的形式在俄國國內廣泛流傳。在文章中，托爾斯泰揭露了導致人民飢荒的原因，並憤怒譴責了那些漠視人民痛苦的「有錢人」：

人民之所以飢餓，是因為我們吃得太飽了。當人民在目前的生活環境中，換句話說，在這種捐賦繁多、土地缺少的情況下，還必須負擔全部繁重可怕的工作，好令都會、城市和有錢人聚居的村鎮中心來吞噬它的果實的時候，叫他們怎麼能夠不飢餓？

……難道現在，正如大家所說的，人民正在飢餓而死的時候，地主、商人，會不藏起糧食來靜候物價的進一步上漲麼？

在我們和人民之間，除了敵對的關係、老爺和奴隸的關係之外，再沒有第二種關係。我越好，他們就一定越壞；他們越好，我就一定越壞。

這篇異常大膽和尖銳的文章自然又引起了沙皇當局的恐慌。內務大臣在給沙皇的特別報告中認為，這篇文章「就內容來說，應該跟那些最可恨的革命號召一樣看待」。《莫斯科公報》的編輯部評論則稱，托爾斯泰的文章「是在公開宣稱推翻全世界目前存在的全部社會和經濟制度」，「是一種罪極端、最大膽的社會主義宣傳，甚至我們那種祕密的地下宣傳在它面前都黯然失色」。

雖然沙皇當局對托爾斯泰的言行相當不滿，但懾於托爾斯泰巨大的聲望，他們也不敢輕舉妄動。

在梁贊省的別吉切夫卡村，托爾斯泰辦起了十八個賑濟食堂。到了次年的四月，這樣的食堂周圍四個縣已經有一百八十七個了，五月份又增加到兩百一十二個。這些食堂每天幫助近萬災民渡過難關。

索尼婭從丈夫和女兒的來信中了解到災區的情況後，不僅理解了丈夫的行為，而且認為自己也應該做點什麼。十一月二日，她一大早便給《俄羅斯新聞》報社寫了一封致全社會的公開信，號召為飢餓的人慷慨解囊。

第二天，該信就被刊登出來了。隨即，俄羅斯各大報章紛紛予以轉載，國外的報刊也做了報導。從十一月三日開始，捐款便從四面八方源源而來，也有人送來了食物和衣物等。不到兩個星期，索尼婭就

募集到一點二萬盧布,然後將這些財務寄到災區。

一八九二年一月下旬,索尼婭也來到了災區,並親自參加了救濟災民的工作。她與當地的婦女們一起用捐獻來的布料縫製衣服。托爾斯泰對索尼婭的行為表示感謝,並在給友人的信中表示,自己和妻子的關係「好像從來沒有這般情投意合過」。

與此同時,托爾斯泰還在這期間接連寫了《可怕的問題》、《論救濟災民的辦法》、《關於救濟災民最後報告的鑑定》、《天國在你心中》等文章。在這些文章中,托爾斯泰描繪了農村飢饉的慘狀,指出「可怕的危險已經極為嚴重,假如人們賴以活命的糧食不論什麼價格都買不到,這危險就更可怕了」。

同時托爾斯泰也意識到,包括捐款在內的種種賑災活動都不能從根本上改變人民的苦難和屈辱的處境,富人的「慈善」行為要麼是虛偽的,要麼是想「以自己的恩賜來拯救自己」,而「這種恩賜的企圖本身就有某種極為可怕的東西」。

出路到底在哪裡?托爾斯泰否定用暴力抗惡,他再次走向自己心愛的宗教道德學說。他認為,「天國在你心中」,只要「人人承認真理,信仰真理」,不再作惡,那麼《福音書》中的幸福生活就會成為現實。

從一八九二年秋天開始,托爾斯泰將別吉切夫卡地區的災民救濟領導工作交給了他的信徒波夏·比留科夫,他自己則動手為這一年多的救濟工作做總結。

在整個救濟災民的過程中,托爾斯泰的體驗是很複雜的。他從心

第十六章　日漸緊張的家庭矛盾
（三）

裡討厭那些慈善機構，也厭惡有錢人的慈善行為；但當飢荒來臨時，看到成千上萬的災民面臨餓死的危險，需要刻不容緩的救濟時，他又會義無反顧加入其中。在這種情況下，他沒有別的選擇，因為他是一個「悲哀但真誠的人，自始至終以他的整個心靈希望成為真正善良的人，即成為上帝的高尚僕人」。

（四）

　　一八九三年秋，農民終於有了一個好收成，災荒結束了，托爾斯泰的生活也進入了一個新的階段。在這之前的十五年，是他的生活和觀點發生巨大鬥爭和變化的時期，此後，再也沒有發生根本性的變化。他的新思想開始沿著固定的方式，平穩發展下去，直到他走到生命的盡頭。

　　自從賑災的後期，托爾斯泰與妻子索尼婭的關係重新微妙起來。索尼婭不喜歡托爾斯泰的學說，也不喜歡托爾斯泰在思想發生轉變後接觸的人。

　　一八九五年，托爾斯泰的短篇小說《主人和僕人》脫稿後，他將其寄給了《北方信使》雜誌。在俄羅斯的許多雜誌中，托爾斯泰最稱心的就是《北方信使》雜誌。此前，他曾在該雜誌上發表過一篇小故事《因果報應》，那時他就答應將《主人和僕人》也給該雜誌發表。

　　然而，這讓索尼婭感到不快，她要求托爾斯泰允許她抄寫這部作品，並將其收入全集的第十三卷中。托爾斯泰沒有答應，結果兩人再次爭吵起來。托爾斯泰甚至跑到樓上，穿好衣服，大聲對索尼婭說，他要永遠離開這個家，再也不想回來。

　　第二天，爭吵再次升級，索尼婭甚至因憤怒而病倒，醫生們給她開了很多藥。但這些藥並不能治好索尼婭的病，她需要的是精神上的治療和安慰。

第十六章 日漸緊張的家庭矛盾
（四）

最終，托爾斯泰做出讓步，在將《主人和僕人》交給《北方信使》雜誌的同時，把這篇作品也交給了索尼婭，允許其收入到全集的第十三卷中出版。同時，他還將這部作品交給了媒介出版社。

托爾斯泰夫婦因為作品的發行權問題產生的風波剛剛平息，一場噩運再次降臨這個家庭：他們最小的兒子萬尼奇卡因患猩紅熱去世了。

從一八九四年冬，萬尼奇卡就一直在鬧病，經常發燒，拖了好久才漸漸好轉。然而，一場可怕的急性猩紅熱又突然將他擊倒。一八九五年二月二十二日早晨，萬尼奇卡開始發病，二十三日晚上便被死神帶走了。

萬尼奇卡的死，給托爾斯泰全家帶來的痛苦是不言而喻的。萬尼奇卡是索尼婭生命的全部寄託，現在他竟然離她而去了，喪子之痛對索尼婭的打擊可想而知。

小兒子的死，以及身邊一些老朋友的相繼離世，讓托爾斯泰再次嚴肅思考起生與死的問題。該年三月，他在日記中第一次立下了遺囑：

第一，把我葬在我死的地方，如果死在城市，就找一處最廉價的公墓，用最便宜的棺材，要像葬叫花子那樣。不擺鮮花和花圈，不致悼詞。如果可能，也不請神父作安魂祈禱⋯⋯

第二，不在報上公布我的死訊，也不寫悼詞。

第三，我所有的文字都交給我的妻子、切爾特科夫、斯特拉霍夫以及我女兒塔基亞娜和瑪莎審閱和整理⋯⋯

第四，請我的繼承人將我以前的作品，即十卷文集和識字課本的

出版權轉交社會，也就是說，我要放棄版權。

第五，主要的是，我請求所有的人，與我親近或疏遠的人，不要讚揚我（我知道會這麼做，因為在我活著的時候他們已經以最不好的方式這樣做了）……無論如何，不要吹捧我。

在萬尼奇卡去世後的一年多時間裡，索尼婭發生了很大的變化。她經常煩躁不安，很少待在家裡，而是經常打扮起來出去參加各種宴會和音樂會。對於這樣的變化，她自己也感到很不滿。她說：

「我的生活有點騷亂不安，像個墮落的女人，但我不能過另外的生活。」

托爾斯泰對索尼婭的變化也感到很不滿，但索尼婭依然如故。這也意味著，托爾斯泰夫婦感情上的距離已經越來越遠，並最終釀成了托爾斯泰晚年的悲劇。

第十七章 復活之路

哪裡沒有樸素、善良和真理，哪裡也就談不上有偉大。

——托爾斯泰

俄羅斯文壇巨星
崇尚愛與和平的托爾斯泰

（一）

在一八九〇年代前後，托爾斯泰又在構思長篇小說的創作了。西元一八八九年三月，他在給薩諾夫的信中談到，他正在渴望寫一部「像《安娜·卡列尼娜》那樣廣闊的、不受拘束的小說，可以毫不費力把我自以為是從新的、不平常的、對人有益的角度來理解到的一切通通寫進去」。

這部小說的構思產生於一八八七年。這年的六月，托爾斯泰的友人、當時擔任彼得堡刑事上訴法庭檢察長職務的著名法學家阿·費·科尼來到亞斯納亞·波利亞納莊園作客，他向托爾斯泰講述了他們法院審理的一件案子。這件案子成為托爾斯泰創作小說《復活》的起因，也是《復活》整個小說情節的一個組成部分。

這件事發生在七〇年代的前半期，科尼在彼得堡區級法院擔任檢察官。有一次，一位年輕人來法庭找他。年輕人臉色蒼白，不安和熾熱的眼光顯示出他內心的憂慮。他的衣著和舉止顯示出他經常出入上層社會。

他請求科尼將一封信交給一個名叫羅札莉雅·奧尼的女犯人。這個女犯人是一名芬蘭妓女，曾在一個少校夫人開設的低級妓院從事皮肉生意。因為偷了一個喝醉酒嫖客的一百盧布被法庭起訴，判處四個月的監禁。

而這位出身貴族世家，受過高等教育，並有著理想職位的年輕人，

第十七章 復活之路
（一）

竟然想與羅札莉雅結婚，這讓科尼感到很震驚。科尼勸他放棄這個念頭，但年輕人表示了自己的決心，並且不斷去獄中探望羅札莉雅。他還告訴羅札莉雅，等她的刑期一結束，他就會與她結婚。

然而就在刑期即將結束時，羅札莉雅卻不幸患斑疹傷寒死去了。當這個年輕人再次來到監獄，他被羅札莉雅的死訊驚呆了。

幾年後，科尼在內地某省副省長的任命名單上看到了這個年輕人的名字。他還了解到了有關羅札莉雅的一些情況。

原來，羅札莉雅原是個出身農家的孤兒，為一個莊園的女主人所收養，在僕人中間長到了十六歲。這時，莊園裡來了一位主人的親戚，那個年輕人誘惑了這位不幸的姑娘，結果導致羅札莉雅懷了孕。

主人發現後，將她逐出了莊園，後來那個誘惑她的人也拋棄了她。她生下了孩子，把孩子送到育嬰堂後，就一步步墮落下去，直到最後流落到低級妓院。

而那個年輕的貴族在鄉下和省裡待了一段時間後，就搬到彼得堡生活，開始走上認真而理性的生活軌道。有一天，他去當區法院的陪審員，認出了這個被指控犯有盜竊罪的不幸妓女，就是自己年輕時所傷害的那位女子。於是，他「下決心為她犧牲一切」，用結婚來「贖回自己的罪過」……

托爾斯泰認真聽完了這個故事，他敏銳地發現這個故事中包含的一些有待發掘的有價值的東西。當天晚上，托爾斯泰就在思考這件事，心情難以平復。

第二天一大早，托爾斯泰就建議科尼按照時間順序把這個故事改寫成一部小說，交給媒介出版社出版。然而半年過去了，科尼那邊一直沒有動靜，托爾斯泰有些著急了。

於是，在西元一八八八年四月，托爾斯泰又寫信給比留科夫，讓他問問科尼答應給媒介出版社寫的那個短篇是否完成了；如果科尼還沒有寫，他是否願意把這個題材轉給托爾斯泰。因為托爾斯泰很看好這個題材，他覺得這個故事可以創作出一部很好的作品來。

還沒等比留科夫那邊有消息，托爾斯泰就又自己寫信給科尼，表達了上述意思。科尼立即就給他回了信，信中說：

「代替您所提到的『准許』的是，我熱切請求您不要放棄這個念頭。經過您的手筆，這個故事一定會寫得叫鐵石心腸的人看了都會受到感動，最最不動腦子的人看了也會開始思考起問題來。」

（二）

不過，托爾斯泰並沒有馬上動筆，而是一直構思了一年多的時間。一八八九年十二月六日，托爾斯泰在日記中寫道：

「關於科尼的故事，構思越來越鮮明浮現在我的腦海中，直到第二天，我始終處於歡欣鼓舞的心情中。」

三個星期後，托爾斯泰才寫下了《復活》手稿最初的文字。一八九〇年二月，托爾斯泰為小說勾勒了這樣一個輪廓：

一，他不想占有她，他這樣做是因為他以為應該如此。在他的想像中，她非常迷人，她在微笑，但他卻想哭。

二，來到教堂，漆黑的夜，白色的洋裝，接吻。

三，老奴僕接過錢去，但眼神憂傷。

四，老女僕相信命運，卡秋莎很孤獨。

五，她看到他坐在火車上，便要投臥火車輪下，但她蹲下來後感到嬰兒在蠕動。

六，他向姑媽打聽她的下落，她在一個地主家做女僕，但不規矩，與男僕私通。

七，他激動問：您把她趕出去了？她哭得厲害嗎？是我不好嗎？

八，他嘗過功名心的滋味，很齷齪。只是讀書，精緻的享受，打獵，玩牌，看表演，**鬢**髮白了——苦悶。

到一八九〇年的六月份，托爾斯泰已經明確了科尼的故事的外在

形式，他決定「從開庭的情形寫起，而且要立刻寫出法律的欺騙性和它正直不阿的必要性」。

　　不過在一八九○年，托爾斯泰並沒有在創作這部小說上有很大進展。到一八九一年，他才再次出現創作的衝動，但每次都對剛起頭的作品感到不滿，而且此時又被賑濟災民等時間所打斷，因而一直未能繼續創作下去。

　　直到四年後，即一八九五年，托爾斯泰才重新回到《復活》的創作中來。但第一份樣稿完成後，他依然感到不滿。到了十一月，他又確定了新的寫作原則。在十一月五日的日記中，托爾斯泰寫道：

　　剛才我正在散步，忽然很清楚懂得了我的《復活》為什麼寫不出來的原因。開頭寫的不對，這一點我在思考那篇關於兒童的小說《誰對》的時候才懂得；當時，我明白了那篇小說必須從農民的生活開始寫起，明白了他們才是目標，才是正面的東西。想到這裡，我就連帶明白了關於《復活》這部小說的道理。應該從它開始，我馬上就想動筆了。

　　托爾斯泰又興致勃勃開始寫起了新稿，可到了一八九六年二月他又停了下來，因為他對已經寫成的作品仍然感到不滿意。他重讀了寫好的幾章，對描寫聶赫留道夫決定娶卡秋莎的那幾章尤其感到不滿，認為「全都不真實」。

　　一八九八年下半年，托爾斯泰最後一次重新動手寫作《復活》。之所以又動手寫，是因為當時他必須籌集到一筆錢來幫助受沙皇政府

迫害而移居加拿大的棄絕儀式派教徒。

在這年的下半年到一八九九年，托爾斯泰的書信和日記中都可以看到有關這部作品的記載：

「寫《復活》，起初比較順利。」

「寫得不太順利，雖然我的構思似乎好多了……」

「一直在寫《復活》，感到滿意，甚至是很滿意。」

「我仍然在奮力寫《復活》……篇幅越來越大，一百章恐怕都容納不下。」

「聚精會神寫《復活》，我期望可以說出很多重要的事情。」

……

終於，在一八九九年十二月十八日的日記中，出現了有關《復活》創作的最後記載：

「寫完了《復活》。不好。沒有改好，但一脫手就不想再去管它了。」

最終，這部小說在經過沙皇書刊檢查機關的大量刪減後，在一八九九年三月十三日《涅瓦》雜誌第十一期至同年十二月該刊第五十二期上陸續刊出。

（三）

在《復活》這部作品的整個創作過程中，托爾斯泰付出了極為艱辛的努力。為了達到高度的藝術真實性，他不吝精力，一次又一次推倒重來，甚至在一些細節問題上都精益求精。經過長時間創造性的勞動，原來的「科尼的故事」只是這幢大廈最初的幾塊基石了。在這部小說中主角們的愛情瓜葛已經不占主要地位，作者將主要注意力集中在對現存制度的揭露上。

在孩提時代，農家姑娘卡秋莎被送到年輕的公爵聶赫留朵夫的姑母家中，從而脫離了勞動生活，但這也成為她生活悲劇產生的主要原因之一。

卡秋莎與年輕的公爵聶赫留朵夫最初的相遇洋溢著詩意，年輕的聶赫留朵夫充滿了高尚的情感和崇高的激情，卡秋莎心地直爽，煥發著青春，滿懷著對未來的樂天情感。

聶赫留朵夫不能清晰辨別自己對卡秋莎的感情，但他還是無法抗拒被吸引了。這讓他的生活充滿了幸福和快樂。當他與卡秋莎分別時，他感到憂鬱而惆悵。

三年的時間過去了，聶赫留朵夫與卡秋莎又重逢了。然而此時的聶赫留朵已經不是卡秋莎三年前認識的那個充滿熱情、天真質樸的青年了，他變成了一個「放蕩荒淫、心狠手辣的利己主義者，只圖個人享受」。

第十七章 復活之路
（三）

　　卡秋莎與聶赫留朵夫在復活節春夜的幽會，是命運註定的不幸。這次重逢使卡秋莎那顆少女的心充滿了無法言語的幸福，卻也成為她日後悽楚苦難生活的開始。

　　聶赫留朵夫拋棄了卡秋莎，將她忘得一乾二淨。而卡秋莎卻由於感到自己是聶赫留朵夫的孩子的母親，更加愛他，等待著他。

　　在一個漆黑、淒涼的秋夜，卡秋莎追趕著聶赫留朵夫乘坐的火車，這景象象徵著她痛不欲生的心情。卡秋莎這才意識到，自己被拋棄了，她想投身到火車的輪下。在這個可怕的夜晚，她再也不相信上帝和善良了。她想，如果一個最好的人都粗暴糟蹋我，那麼其他人肯定比聶赫留朵夫更壞……

　　從這一瞬間開始，卡秋莎的苦難開始了，終至被帶上了被告席上。

　　聶赫留朵夫是造成卡秋莎不行的罪魁禍首，但他卻成為審判她的陪審員。小說從這個審判場面開始，暴露了「罪惡王國」的全部卑鄙勾當和全部放蕩的惡習，展示了人們的苦痛和災難。

　　從這個場面開始，聶赫留朵夫走遍了整個俄國，訪問了公爵和樞密院的接待室，察看了貧苦農民的木屋和關滿普通貧民的監獄。

　　在暴露沙皇法院的偽善和欺騙的同時，在小說中，作者也揭示了教會及其執事的卑鄙作用：那些身穿黑袍、胸前佩戴著金質十字架的「上帝的僕人」，滿口假仁假義，實際卻貪得無厭，出賣靈魂，靠欺騙人民來過日子。

　　在小說的第三部分，托爾斯泰還描寫了一個新人——革命者。這

俄羅斯文壇巨星
崇尚愛與和平的托爾斯泰

一部分內容最終也引起了軒然大波。社會進步人士對文學界首次出現的關於政治犯、被判刑的革命者的描寫表示歡迎；而社會上的反階層則對小說的這部分內容驚慌失措，因為他們認為第三部分是摧毀現存制度的號召，是歪曲現實。反對分子對托爾斯泰用同情的態度描寫政治犯，並對這些人表示同情和好感深感憤怒。

對俄國出現的「新人」，托爾斯泰表現出充分的信心，相信他們一定能夠復興俄國，改造俄國，改變現存制度，消除專橫、無權地位和暴力。

長篇小說所指的「復活」到底是什麼？有些評論家認為，托爾斯泰描寫的是聶赫留朵夫的復活；另一些認為，表現的是卡秋莎的復活；還有一種觀點認為，在小說中復活的是托爾斯泰自己，也就是托爾斯泰經過長期中斷自己的創作活動後，又重新開始文學作品的創作。

想要在這部小說中尋求某個特定的「復活」人物，可能並不恰當。因為托爾斯泰關注的是整個俄國社會、整個俄羅斯的復活過程。他所尋求的是那種能使人類復活、建立人民幸福的生活、根除地主資產階級社會弊端的藥劑。作為一名天才的藝術家，他不可能看不到俄國業已發生的巨大歷史變動和新的社會力量的成長。對這種社會運動，托爾斯泰按照自己的觀點，也就是千百萬農民群眾的觀點，反映到這部小說當中。

在小說中，托爾斯泰指出，未來屬於人民，不屬於地主和官吏們，勞動人民才是「大的光亮」。然而如何讓人民生活得更好，讓農民不

第十七章 復活之路
(三)

因飢餓而死亡？如何才能沒有無辜判刑的罪犯，沒有欺騙和虛偽？這些問題，作家是無法回答的。

由於世界觀的局限性，《復活》中也存在著諸多不足之處，但它卻不失為托爾斯泰全部事業的一個宏偉的藝術總結。在托爾斯泰的筆下，《復活》不但是一幅「無與倫比的俄國生活圖畫」，而且與他的另外兩篇長篇小說一樣，顯示出大海般宏偉開闊的美麗。在對生活大面積涵蓋和整體把握，對人物命運與周圍世界的內在聯繫的充分揭示，在生活的深度和廣度上塑造血肉豐滿的藝術形象等方面，小說都是卓有成效的。

儘管這部小說剛剛發表時並不完整，但還是在當時產生了巨大的影響。匈牙利作家盧卡奇認為：

「在整個近代西歐文學中，在包羅萬象的史詩式的偉大性方面，沒有一部小說可以與《復活》相媲美。」

法國作家羅曼·羅蘭也指出：

「《復活》可以說是托爾斯泰藝術上的遺囑。《復活》給他的晚年加冕，正如《戰爭與和平》給他的成熟期加冕一樣。」

俄羅斯文壇巨星
崇尚愛與和平的托爾斯泰

第十八章　被革除教籍

被人愛和愛別人是同樣的幸福，而且一旦得到它，
就夠受用一輩子。

──托爾斯泰

俄羅斯文壇巨星
崇尚愛與和平的托爾斯泰

（一）

在創作《復活》的最後階段，托爾斯泰的身體狀況不是太好，一八九九年秋天和冬天的日記中，經常出現他患病的話。因此可以說，《復活》這部小說絕大部分內容是托爾斯泰在年逾古稀的時候完成的。對他來說，這的確不是件容易的事。

在這期間，由於托爾斯泰及其追隨者與棄絕儀式派教徒的關係，受到了沙皇當局的嚴密監視。而他在《復活》中對東正教會的揭露，更令東正教對他恨得咬牙切齒。

托爾斯泰患病的消息很快就由密探呈報給當局，為此感到竊喜萬分的官方教會決定不能輕易放過托爾斯泰。

一九〇〇年四月五日，在托爾斯泰健康狀況處於危機關頭時，沙俄東正教最高議會作出了一個祕密決定。「決定」稱托爾斯泰是「東正教基督教會的敵人」，在歷數了托爾斯泰的所謂「褻瀆上帝、毀謗教會」的罪行以後，下令：

「列夫·托爾斯泰伯爵在去世時如果不作懺悔，不與教會和解，則取締其追薦與安魂彌撒之儀式。」

在這年的上半年，托爾斯泰的病情並沒有惡化，反而還有所好轉；加上這一「決定」是祕密作出的，因此這件事並沒有在社會上引起波動。但是，當局顯然已經加快了迫害托爾斯泰的步伐，跡象也越來越多。在此前不久，托爾斯泰的好友和助手切爾特科夫已經被逐出俄國，

比留科夫等人也被處以流放。

而與此同時，托爾斯泰的聲望卻與日俱增。一九〇〇年一月，托爾斯泰被推選為科學院文學部名譽院士。就在這個月，他又同高爾基結識了。

那是在一九〇〇年一月十三日，高爾基第一次慕名踏入托爾斯泰在莫斯科的寓所，托爾斯泰也第一次見到了這位有才氣的青年作家。他十分高興，熱情詢問高爾基的生活和創作情況，並坦率談了對高爾基小說的印象，稱讚有些小說寫得很「樸素、真實」。

在一月十六日的日記中，托爾斯泰寫道：

「高爾基來過了，我們談得很投機。我喜歡他，一個真正來自人民的人。」

這年的秋天，高爾基還應邀到亞斯納亞·波利亞納作客，與托爾斯泰一起度過了一段難忘的日子。儘管兩個人在一些問題上有不同的認識，但高爾基始終對托爾斯泰懷有真誠的敬意，而托爾斯泰也給予高爾基以有力的的幫助。

一九〇一年四月，高爾基因參加反對政府的活動被當局逮捕。五月六日，托爾斯泰得到這一消息後，馬上給內務大臣寫信，要求釋放高爾基。

同一天，托爾斯泰又給他熟悉的奧爾登布斯基親王寫信，請求他幫助高爾基獲得自由。半個月後，親王通知托爾斯泰，高爾基已經獲釋，改為在家軟禁。

　　高爾基也寫信給托爾斯泰，向托爾斯泰給予他的幫助表示感謝。同年七月，大病初癒的托爾斯泰收到了一封由高爾基執筆，有三十三人簽名的信。信中寫道：

　　我們為您的疾病順利康復而感到由衷的高興，我們熱烈祝願您——偉大的人——為了真理在大地上的勝利而健康長壽，並且一如既往用您強有力的語言不倦的揭露欺騙、偽善和惡劣。

　　當時與托爾斯泰交往密切的文壇巨匠除高爾基外，還有契訶夫。兩人在一八九五年就相識了，此後一直來往密切，契訶夫也十分尊敬和愛戴托爾斯泰，並常常去看望他。雖然他對托爾斯泰的某些宗教道德學說持有異議，但在他信中，托爾斯泰是一位具有無上權威的導師。托爾斯泰也非常喜歡契訶夫，認為他「很有才華，心地善良」。同時，他對契訶夫的藝術才能也極力讚揚，認為他是「散文中的普希金」。

　　不過，托爾斯泰對契訶夫的戲劇並不感興趣，認為「盡是一些神經衰弱的知識分子無休止的談話」。但托爾斯泰正是在劇院看了契訶夫的《萬尼亞舅舅》後，才萌生了創作劇本《活屍》的想法，並很快就著手擬定了寫作提綱。他在日記中寫道：

　　「我覺得，《活屍》一劇中有些音調是從契訶夫的作品中吹送過來的。這便是藝術創作的神祕莫測之處。」

（二）

　　《活屍》的情節來源是一個真實的案件，它是莫斯科高等法院審理的一起席默爾夫婦訴訟案，檢察官達維多夫將案情告訴了托爾斯泰。

　　案情的基本情況是：一對夫婦，年輕時就分居，主要因為丈夫酗酒。分居後，丈夫日漸墮落，並最終失去了賴以生活的職位，淪為一個流浪漢。這時，妻子找到了一份工作。可在工作中，她的同事愛上了她，他以為她是個寡婦，便提出讓她嫁給他；她也愛上了這位男同事。他們一起找到這個流浪漢，希望他能同意離婚。流浪漢答應了，並遞上要求解除婚約的呈文。

　　然而，宗教法庭卻不同意他們離婚，於是妻子想出一個辦法：讓丈夫寫信給她說，因對生活感到絕望，他決定自殺。妻子將這封信交到警察局。不久，員警還真的在莫斯科河裡撈出一具屍體，河岸上還發現有這位丈夫的身分證件和衣服，員警便將這具屍體當成是丈夫自殺了。

　　這樣，妻子就成了寡婦，與自己的同事結婚了。但最終因某種疏忽，真相暴露了：丈夫根本沒有自殺。於是，夫婦倆被帶到高等法庭審判，一審判決流放西伯利亞。後來由於科尼從中說情，才最終被判決在獄中監禁一年。

　　托爾斯泰根據這個案件，經過一段時間的醞釀，終於創作出六幕正劇《活屍》。該劇突破了原案情節上的單獨婚姻悲劇範疇，賦予它

全新的內容和主題,並塑造出了富有時代氣息的藝術形象。

初稿完成後,托爾斯泰像對待以往的作品一樣,對其反復修改。但就在這時,托爾斯泰手稿的抄寫員伊萬諾夫竟將這部劇作的情節洩露出去,許多報刊紛紛加以報導。結果有一天,托爾斯泰的家中來了一位衣衫襤褸的客人──「活屍」的原型席默爾。

不久,席默爾的兒子也來了,他希望托爾斯泰不要發表這部劇本,因為這會讓他的媽媽很痛苦。這件事已經平息下來,她擔心將此事公諸於眾之後,會給她招來麻煩。

雖然劇本與原案迥然不同,但托爾斯泰還是將它擱置起來,沒有發表。直到托爾斯泰去世後,劇本才於一九一一年九月首次刊載在《俄國言論》上,次年元旦又被搬上莫斯科藝術劇院的舞台。

在世紀之交,年逾古稀的托爾斯泰完成的重要作品還包括《什麼是藝術》、《我們時代的奴役》等作品。

《什麼是藝術》完成於一八九八年,是托爾斯泰多年來在美學領域探索的結晶。在這部作品中,托爾斯泰對形形色色的藝術理論作了評述。但同時,托爾斯泰也尖銳抨擊了那些脫離人民的藝術理論和藝術作品,有時甚至走向了極端。他還錯誤認為,藝術的內容決定於宗教,並以此來分析藝術發展的一般過程。

《我們時代的奴役》於一九〇〇年八月完稿,同年刊載在倫敦的《自由言論》上。寫作這篇論文的起因是鐵路司磅員阿格耶夫給托爾斯泰講的一件事情,那就是自己供職的莫斯科-喀山鐵路搬運工人毫

不停息勞動三十六個小時的情況。托爾斯泰對此大為震驚，他還親自去了一趟貨運站，才相信了一切的確如阿格耶夫所講述的那樣。

在這篇文章中，托爾斯泰指出，廢除農奴制並沒有廢止奴役制度，它只是改變了從前的形式，成為一種無歸屬的奴役制度。新的奴隸們不屬於工廠主個人所有，而是所有工廠主都肆無忌憚欺辱、嘲弄他們。對工廠主來說，最值錢的是牲畜，而不是人。他們愛惜自己的馬匹，限制它的負重量，擔心它過早累死；可對工人，他們卻迫使其一刻不停工作三十六個小時。

托爾斯泰狠狠鞭撻了暴力者和強盜的政府，鞭撻了官方教會，並且毫不掩飾說：

「只有消滅政府，才能把人們從奴隸制度下解救出來。」

大多數人對托爾斯泰的宗教觀點都是一副漠不關心的態度，他們不理解，也不能理解。但是，托爾斯泰真誠和激烈地反抗壓迫的憤慨卻感染了普通大眾，令他們也開始仇視現存的惡劣制度。

（三）

由於托爾斯泰在《復活》、《我們時代的奴役》等一系列作品中對專制政權和它的精神支柱——東正教會對其無情的揭露和鞭撻，他預感到反動政府是不會輕易放過他的。他對一個朋友說：

「我感到驚奇，為什麼他們還不把我關到什麼地方去？」

這話剛說完不到半年，東正教就對他發難了。

其實，當《復活》問世以來，反動分子、黑暗勢力和僧侶們的憤怒和不滿就已經達到了無法形容的地步。只是由於托爾斯泰的聲望太高，他們不敢採取貿然的行動。

在《我們的時代的奴役》在英國發表後，這些反動勢力和東正教會再也忍無可忍了。一九○一年二月二十四日，俄國教會的最高機關——東正教事務總管理局公布了一項關於革除托爾斯泰教籍的決定。決定中說：

在我們的時代，上帝降下天災，出現了一個虛偽的導師列夫·托爾斯泰伯爵。這個全世界著名的作家，出身為俄羅斯人，按其所受教育與洗禮的方式應為東正教徒。列夫·托爾斯泰伯爵在其智慧和自負的誘惑下，傲慢反對我主耶穌及其神聖教義，在眾目睽睽之下，公開拋棄撫育並教育他的正教母教會，把他的文字活動和上帝賦予他的天才用於在民眾中散布反基督和反教會的學說，在世人的頭腦和心靈中破壞對祖國與教會的信仰，而此信仰業已確立全宇宙之和諧，我輩祖先賴

以信仰以為生而得救，神聖的俄羅斯賴此信仰至今仍然以屹立於寰宇而堅不可摧。

在以相當長的篇幅列舉了托爾斯泰的異端學說後，公告接著說：

「在他懺悔並恢復與教會的交流之前，教會不承認、也不能承認他為教會的成員。」

以聖彼德堡總主教安東尼為首的七個主教，都在這篇文告上簽了字。根據這一裁決，所有俄羅斯教堂的神父都必須每年在一個星期日做禮拜時，鄭重其事詛咒「邪教徒和叛教分子」托爾斯泰。

這些反動分子在等待著托爾斯泰承認自己的錯誤，然而他們打錯了算盤。在寫給總管理局的信中，托爾斯泰再一次論證了自己的觀點，指出了教會和僧侶的可恥作用。

與此同時，整個進步的社會都擁護托爾斯泰。為了表示對作家的聲援，很多大學生和工人還在廣場上抗議集會，抗議政府強迫參加學潮的學生去服兵役，抗議政府的腐敗和教會的黑暗。

一九〇一年的春天，在彼得堡的藝術展覽會上，觀眾們更是在托爾斯泰的肖像前熱烈歡呼。托爾斯泰收到了成千上萬封向他表示同情的書信和電報。

馬利采夫玻璃廠的工人們還給托爾斯泰送來了一份禮物——一塊刻有動人題詞的綠色大玻璃，上面的題詞寫道：

您也遭到了許多走在時代前面的偉大人物的同樣命運，最尊敬的列夫·尼古拉耶維奇！過去，他們死於火刑，長期被監禁在牢獄之中，

俄羅斯文壇巨星
崇尚愛與和平的托爾斯泰

或被流放。儘管偽善的最高主教費盡心機將您革除教門，但俄國人民始終將您當做自己偉大的、高尚的、可愛的人。

對於被革除教籍這件事，對托爾斯泰本人並沒有產生什麼影響。他還勸說那些向他表示同情和聲援的人們，不要在當前普遍動亂的情況下做出什麼過激的行為來。

但是，整個莫斯科，人們談論的都是關於學潮和托爾斯泰被革除教籍的事，而幾乎所有的老百姓都站在托爾斯泰的一邊。索尼婭在日記中寫道：

「連日來，我們家裡一直有某種過節一般的情緒。訪問的人絡繹不絕，來了一群又一群……」

當局驚恐萬狀，這與他們最初期望的截然相反。因此，他們急忙下令禁止電報局接發同情托爾斯泰的電報，禁止報刊登載有關的消息報導和聲援托爾斯泰的文章，禁止圖書館出借托爾斯泰的任何著作。但事與願違，公眾們以嘲笑的態度對待此事，因此也陸續出現了許多諷刺當局和教會的手抄的或印刷的匿名詩，如《列夫與七隻溫順的鴿子》、《波別多諾斯采夫之夢》、《獅子和驢子》等。

寓言《獅子和驢子》更是將教會頭目比作驢子，而用與列夫諧音的獅子來讚美托爾斯泰。它是這樣開頭的：

「有個國家，那裡驢子當權，出現了一頭獅子……」

一九〇一年五月，托爾斯泰的孩子們都已完成學業，托爾斯泰決定結束近二十年的斷斷續續的莫斯科生活。五月八日，托爾斯泰全家

第十八章 被革除教籍
（三）

返回亞斯納亞·波利亞納。許多人都擁向車站，為托爾斯泰送行，並向他致敬。

俄羅斯文壇巨星
崇尚愛與和平的托爾斯泰

第十九章 晚年生活

如果學生在學校裡學習的結果是使自己什麼也不會創造，那他的一生永遠是模仿和抄襲。

——托爾斯泰

俄羅斯文壇巨星
崇尚愛與和平的托爾斯泰

（一）

一九〇一年夏天，托爾斯泰經常生病，身體日漸衰弱。六月末，他又患上了惡性瘧疾，發燒不止，心律不齊，幾乎不能說話，病情一度非常危急。

托爾斯泰患病的消息讓沙俄當局暗自竊喜，他們認為他已經「處於彌留之際」，於是匆忙通令各地行政長官和警察局長，「嚴禁在托爾斯泰去世時出現任何示威性演說、活動和遊行」。

可這次，他們又失算了。十多天後，托爾斯泰的病情逐漸有了好轉。

根據醫生的建議，托爾斯泰於九月初動身前往南方克里米亞療養。一路上，托爾斯泰都受到了群眾自發組織的歡迎，「人群就像海潮一樣洶湧著，向托爾斯泰乘坐的列車擠過來，並紛紛摘下帽子，呼喊著『托爾斯泰萬歲！』等口號」。托爾斯泰流著淚，站在窗口，向群眾頻頻揮手致意。

在克里米亞，托爾斯泰的生活很有規律，但病情卻出現了幾次反覆。最嚴重的一次發生在一九〇二年初，他得了肺炎。

但即便在患病期間，托爾斯泰仍然十分關注國內的社會生活。他從報紙上獲悉工人群眾的各種罷工情況，特別讓他注目的是頓河羅斯托夫工人的大罷工。一九〇二年五月，在這件事的影響下，托爾斯泰開始撰寫《致工人群眾》一文。他寫作熱情高漲，從克里米亞回到亞

斯納亞·波利亞納後不久，這篇文章就脫稿了。

一九〇四年四月初，在基什尼奧夫等地發生了迫害甚至殺戮猶太人的暴行，托爾斯泰聞知後十分氣憤。他在回復猶太作家肖羅姆·阿萊漢姆的信中表示，願意為資助那些受迫害的猶太人而編寫的文集寫點東西。八月二十日，托爾斯泰為此創作了短篇小說《舞會之後》。

《舞會之後》是托爾斯泰晚年時期的一部爐火純青之作。在這篇小說中，他將自己的全部憤怒和蔑視都集中在那些油頭粉面、修飾入時、老奸巨猾的軍事指揮官身上。

這一年，托爾斯泰還完成了中篇小說《哈吉·穆拉特》，這也是托爾斯泰在最後十年所寫的藝術成就最高的一部作品。這部作品從一八九六年夏天就開始寫，一直斷斷續續，直到一九〇四年才基本完成。

儘管這部作品是托爾斯泰寫於垂暮之年，但小說中的各種事件描繪得具有非凡的藝術魅力和絕妙的詩意。然而，托爾斯泰卻仍覺得不夠滿意，並一直將這部小說都當成他未完成的作品，希望在適當的時候對其修改。直到自己生命的最後幾天，他也從未中斷過對這部小說的寫作。

《哈吉·穆拉特》雖然篇幅不大，但內容十分豐富，對生活體會深刻，人物形象也栩栩如生，結構勻稱而和諧，是一部相當完美的作品。高爾基在評價這部小說時說：

「難道還能把《哈吉·穆拉特》寫得比現在更好嗎？我們覺得——

不可能；但托爾斯泰卻覺得——可能。」

　　一九一二年，在托爾斯泰逝世後，中篇小說《哈吉·穆拉特》經過書刊檢查機關的大量刪節後首次發表。直到一九一八年，偉大的十月社會主義革命勝利後，小說的全文才得以問世。

（二）

在一九〇四年時，托爾斯泰又失去了兩位親人。這年的三月，與他有半個世紀親密交往的亞歷山卓去世了，這讓托爾斯泰很難過。托爾斯泰晚年在重讀與亞歷山卓的通信集時，曾這樣說過：

「當我回顧自己拿漫長、陰暗的生活時，對亞歷山卓的回憶就是一線明亮的光。」

八月底，他的二哥謝爾蓋也去世了。謝爾蓋在病重期間，托爾斯泰經常去看望他。在他彌留之際，托爾斯泰也一直守候在他的身邊。

這一年，為爭奪朝鮮和中國的東北，俄國與日本之間爆發了戰爭，托爾斯泰為人民將在這場戰爭中遭受的新的災難深感不安。他在答美國費城《北美日報》關於支援何方的電訊時說：

「我既不支持俄國，也不支持日本，而是支持兩國的勞動人民。這些人民為政府所矇騙，背離自己的幸福、良心和宗教信仰，被迫去戰場上作戰。」

一九〇五年五月，俄國艦隊在對馬海戰中全軍覆沒。消息傳來，托爾斯泰在日記中寫下了自己的痛苦感受：

「可怕！真可怕！今天和昨天，我都為那些不幸者哭泣。」

他還撰寫了一篇名為《清醒清醒吧！》的文章，在其中無所畏懼寫道：

總有一天，受矇騙的人們會清醒過來，並且說：你們這些殘忍和

俄羅斯文壇巨星
崇尚愛與和平的托爾斯泰

肆無忌憚的沙皇、日本天皇、大臣、主教、神父、將軍、總編、奸商，以及諸如此類的人物，在槍林彈雨中行走吧。我們不願意也不去赴死。給我們安寧，讓我們耕地、播種、建設……

繼這場戰爭之後，俄國內部也爆發了革命，工人階級和農民紛紛起來同自己世世代代的敵人──資本家和地主作鬥爭，城市裡爆發了大規模的群眾性罷工，農村裡焚燒了地主的莊園。

對於這場革命，托爾斯泰的態度是矛盾的。他歡迎革命，希望能消滅剝削者的暴力，但他又反對用暴力推翻資本家和地主，反對用暴力消滅私有制。托爾斯泰向統治階級呼籲，號召他們自願放棄自己的土地、自己的財富，將它們分給勞苦的人民，不去迫害反政府行動的人們。

他認為，武裝起義和政治鬥爭不能使人民擺脫沙皇的壓迫。只有不參加這種鬥爭和遠離政治，才能從沙皇的枷鎖中解放出來。全國人民只要不服從、不遵從政府的法律，即消極地反抗，就可以消滅沙皇及其政府的統治。

然而，托爾斯泰又歡迎革命。他說：

「事件的進展異常迅速而又有規律。對目前發生的情況不滿意，就像對秋天和冬天不滿意一樣，而又不考慮春天正是經過秋天和冬天才降臨的。」

列寧更是稱托爾斯泰為俄國一九〇五年革命的一面鏡子。他說：

「作為俄國千百萬農民在俄國資產階級革命快來時的思想和情緒

的表現者，托爾斯泰是偉大的。托爾斯泰富於獨創性，因為他的全部觀點，總的來說，恰恰表現了我國革命的農民資產階級革命的特點。從這個角度來看，托爾斯泰觀點中的矛盾，的確是一面反映農民在我國革命中的歷史活動所處的各種矛盾狀況的鏡子。」

（三）

在亞斯納亞‧波利亞納，托爾斯泰與妻子索尼婭之間因農民私砍樹木而坐牢一事發生的衝突不止一次。一九〇六年夏天，托爾斯泰與索尼婭的關係再次變得緊張，事情的起因仍然農民私砍樹木，結果被管家當場逮住。索尼婭知道後非常生氣，遂向法院告發，農民被判入獄。

這再次令托爾斯泰感到痛苦，離家出走的問題也再次提到他的面前。他覺得自己沒有再在亞斯納亞波利亞納住下去的道義上的權力了，因為妻子的行徑，正是在他的名義下做出來的。

在五月二十二日的日記中，托爾斯泰寫道：

「近來，真理對人不起作用這一點有時令我隱隱感到絕望。特別是在家裡，今天所有的兒子都在，我特別難過。使我感到難過的是，這表面上的親近和精神上的極端疏遠太不自然。有時，例如今天，我很想逃跑，失蹤。」

然而，托爾斯泰又痛苦意識到，不論他逃到哪裡，幾天後，索尼婭準會帶著僕人和醫生，再次出現在他的面前，「一切全都照舊」。

在家中，只有次女瑪莎與托爾斯泰在精神和氣質方面最為接近，對他的幫助也最大。托爾斯泰經常在書信和日記中提到，「瑪莎是我在家中最大的安慰」，「只有在面對瑪莎時，我才感到心情舒暢」，「她是我的親人中讓我最感到親近的」，等等。

然而。一九〇六年的深秋季節，瑪莎病倒了，醫生診斷她患上了

第十九章 晚年生活

（三）

肺炎。她不停咳嗽，高燒不止。幾天下來，瑪莎被折磨得已經讓人認不出來了。

看著愛女正在走向死亡，托爾斯泰自己對死亡的理解似乎更深了一層。他在日記中寫道：

雖然她是我的親人中我最親近的朋友，但是，從我一己的觀點看來，她的死並不可怕，也不可惜，因為在她死後我也不會活多久了，我只是單純、不假思索的可憐她，為她感到痛苦。很可能，由於她年輕，她還想活下去，我可憐她和親人們所受的痛苦。用醫療的方法企圖延長她的生命的這一切枉費心機的努力，我覺得實在是可憐的、令人不愉快的。

近來，對我來說，死亡變得越來越接近了，不可怕了，自然而然的了。死亡是必須的，跟生命並不敵對，而是跟生命緊密相連，是生命的繼續，因此，跟死亡鬥爭只是動物的本能，而絕不是理智的行動。

一九〇六年十一月，年僅三十六歲的瑪莎離開了人世。在臨死前，瑪莎很安詳，神志也完全清醒。瑪莎去世後，托爾斯泰深感孤獨。在瑪莎生命的最後幾年，她一直都在給農民的孩子上課。為了不讓女兒為農民孩子辦學的工作中斷，年近八旬的托爾斯泰在一九〇七年再次為辦學投入了大量的精力。他給學習班上的孩子們講故事和傳奇，談人生和義務。一九〇八年，根據在學習班上所講授的內容，托爾斯泰還編寫了《耶穌的教導》這本書。

一九〇五年革命給鎮壓後，沙皇政府繼續採取高壓政策，俄國進

俄羅斯文壇巨星
崇尚愛與和平的托爾斯泰

入一個殘酷和黑暗的歷史時期，大批革命者和反抗壓迫、爭取生存權利的農民被處以絞刑。眼看報紙上這方面的報導一天天多起來，托爾斯泰感到很痛苦。他既同情那些被處決者，也可憐那些處決者。在此期間，托爾斯泰先後寫下了《致政府革命家和民眾》、《論俄國革命的意義》、《究竟怎麼辦》、《不許殺任何人》等一系列文章，在反復闡述自己見解的同時，猛烈地抨擊當局鎮壓人民的暴行。

一九〇八年五月七日，一個名叫莫洛奇尼克夫的青年因傳播托爾斯泰的文章而被判了刑。托爾斯泰獲悉後，感到「很煩惱」。他說：

「我八十歲了，聽到這個判決的消息，依然怒火中燒，何況是其他的年輕人呢！他們又怎能不當革命者？」

幾天後的早晨，托爾斯泰有從報紙上讀到這樣一則消息：

「今天，在赫爾松的斯特列利比茨基野地，二十名農民因搶劫伊莉莎白格勒縣的地主莊園而被處以絞刑。」

這消息立刻讓托爾斯泰激動得不能自控。他大聲說：

「不，這不行！不能這樣生活！……不能！不能！每天都有這麼多的死刑判決，這麼多的處決，今天五個，明天七個，今天二十個莊稼人被絞死，二十個人死亡……」

悲憤令托爾斯泰說不下去了，他動筆寫了起來，幾天後便又完成了一篇長篇政論性文章——《我不能沉默》。

在這篇文章中，托爾斯泰將批判的鋒芒直指最高當局：

你們大家，從法庭書記到首席大臣和沙皇，每天發生暴行的間接

參與者，你們仿佛不感到自己有罪，也不覺得可恥，而參與制造恐怖應當讓你們感到可恥。不錯，你們也害怕人民，像那些劊子手一樣，你們對罪行的責任越大，就越害怕得厲害：檢察官比書記怕得厲害，法庭庭長比檢察官怕得厲害，省長比庭長怕得厲害，總理大臣怕得更厲害，而沙皇比任何人都怕得厲害！

在揭露這些人的惡行之後，托爾斯泰還表達了自己不惜上絞刑架的決心。當局自然會嚴厲查禁這類文章，但它卻透過地下印刷所迅速傳遍了整個俄國，歐洲各國的報刊也普遍刊登了這篇文章。

俄羅斯文壇巨星
崇尚愛與和平的托爾斯泰

第二十章 出走與離世

不應是為了自己的需要，而應是為了真理而活著。

──托爾斯泰

（一）

一九〇八年八月二十八日是托爾斯泰八十歲壽辰的喜慶日。在這年年初，人們就提出為他祝壽的問題，彼得堡甚至還成立了由一些著名教授、作家、社會活動家組成的慶典委員會，成員包括托爾斯泰的朋友列兵、柯羅連科和斯塔霍維奇等人。

儘管托爾斯泰不希望人們為他操辦什麼慶祝活動，但全俄國、乃至全世界敬仰托爾斯泰的人們都在這一天由衷為他祝福。

這一天，亞斯納亞·波利亞納莊園格外熱鬧，一派節日氣氛。來的人很多，其中有許多記者，還包括一位電影攝影師。英國不列顛博物館的館長賴特也來了，還一起帶來了由蕭伯納、威爾斯、歐文等八百多位英國著名作家、藝術家和社會活動家簽名的致敬信。

與此同時，全國各地的賀電和賀信也雪片似飛來。

莫斯科藝術劇院的賀電稱：

「如同條條大路通羅馬一樣，當代條條藝術大道通向您的名字。」

設在瑞士洛桑的國際救助失業工人委員會的賀電說：

「請接受我們誠摯的祝福，因為我們得到了您的天才賜予我們心靈和頭腦的無數財富。您的一切都獻給了全人類。」

⋯⋯

與人民的祝願相反，當局和教會則對托爾斯泰恨之入骨。他們早早就下達了禁止為托爾斯泰舉行任何慶典活動的命令。同時，東正教

最高議會又號召教徒「抵制列·尼·托爾斯泰的慶典」，因為「他是東正教的頑固敵人」。

然而，這一切不僅不能損壞托爾斯泰在人民心目中的崇高威望，還進一步暴露了統治者的懦弱和無恥。不久之後發生在莫斯科火車站前的一幕，就是這一點的最好佐證。

一九〇八年初秋，托爾斯泰到莫斯科郊外的切爾特科夫的寓所小住。這時，切爾特科夫已經結束了在國外的流放生活，返回國內。這次莫斯科之行是托爾斯泰自一九〇一年以來的第一次，也是最後一次。

九月十九日，他離開莫斯科返回亞斯納亞·波利亞納，報紙報導了這則消息，於是這一天，莫斯科許多市民都自發前往火車站為他送行。

當托爾斯泰一行來到庫爾斯克車站廣場時，那裡已經是人山人海了。馬車剛一進入廣場，人群便爆發出一陣熱情洋溢的歡呼聲。馬車在靠近車站的地方停下，托爾斯泰走下車來。這時，人群中所有的人如同一個人一樣，全都脫下帽子……人群移動著、喧鬧著，就像波濤的大海一般，歡呼聲更是響成一片：

「列夫·尼古拉耶奇萬歲！」

「光榮屬於托爾斯泰！」

「偉大的戰士萬歲！」

……

人群中各式各樣的人都有，但大部分是年輕人，其中主要是大學生。他們都紛紛湧向托爾斯泰，想一睹心目中偶像的風采。人們互相

俄羅斯文壇巨星
崇尚愛與和平的托爾斯泰

擁擠著，讓隨行的托爾斯泰的小女兒薩沙和祕書很擔心——他如何穿過這密密匝匝的人群呢？

忽然，一個青年男子有力的聲音喊道：

「大家拉起手來！拉起手來！」

立刻，人群就像是被一種魔力指揮著一般，在托爾斯泰面前的群眾都向一邊閃開，在一刹那間，從托爾斯泰身旁到車站月台上就閃出了一條狹長的通道，人們都自發站立在通道的兩旁，手拉著手。

托爾斯泰進入車廂，在窗前停下腳步。喧嘩聲和歡呼聲響徹雲霄，無數雙手在用力向他揮舞著。托爾斯泰摘下帽子，神情專注向四下行禮。然後，他用一種堅定的聲音說道：

「謝謝！這真讓我感到意外的高興，我實在沒有料到大家對我這樣同情……謝謝你們！」

在萬眾歡騰之中，列出徐徐啟動了，而人群又跟著向前湧去。他們似乎被一種自發的情感支配著，著魔一樣緊追著列車不放……這真是一個罕見的感人場面。

（二）

一九〇九年七月，托爾斯泰收到了去斯德哥爾摩參加第十八屆和平大會的請柬。托爾斯泰認為，只有他能夠說出赤裸裸的真理，議論戰爭之不能容忍和號召全面裁軍，也只有他一個人的話才會被人們聽取。因此，參加和平大會是他的責任。

然而，當他將這件事告訴妻子索尼婭後，索尼婭卻堅決反對，稱此行對他的健康是有害的。為了制止托爾斯泰此次旅行，她使出各種手段，甚至以自殺相逼。最終托爾斯泰只好讓步。在以後幾天的日記中，托爾斯泰寫道：

「當我躺下經過靜心思考後，我決定不走了。我當即把自己的想法告訴了她。她很可憐，我真誠憐憫她。」

也是從這個時候開始，索尼婭開始了與切爾特科夫爭奪托爾斯泰文學遺產的鬥爭。在一九〇九年秋，托爾斯泰立下一份遺囑。在這份遺囑中，托爾斯泰放棄了他一八八一年以後所寫的作品的版權，允許一切願意出版這些書的人自由出版，並將審定權交給了切爾特科夫。但在向法律界人士諮詢時，一位法學家指出，這樣的遺囑無法執行，因為法律要求指定繼承人。於是這件事就暫時擱下了。

一九一〇年七月，索尼婭與切爾特科夫為由誰保管托爾斯泰一九〇〇年以後的日記一事發生激烈衝突。索尼婭要求將所有的日記都交給她保管，並要求托爾斯泰不再與切爾特科夫來往。

俄羅斯文壇巨星
崇尚愛與和平的托爾斯泰

　　為安慰妻子，托爾斯泰將原由切爾特科夫保管的那部分日記存入了銀行，並暫時不與切爾特科夫見面。托爾斯泰還在七月十四日寫了一封長信給索尼婭。信中寫道：

　　……儘管有各種促使我們關係冷漠的原因，但我仍然像年輕時一樣愛你，而使我們的關係冷淡的原因是：

　　第一，我對塵世生活越來越失去興趣，越來越感到厭煩，而你不願意，也不能拋棄這一切，因為你的內心沒有產生這些信念的基礎。這是很自然的，我不能因此而怪你。

　　第二，近幾年你的性格變得越來越易怒、專橫和不能自控。這些性格表現雖然不能使感情本身變得冷漠，但卻使感情的表達變得冷酷。

　　第三・主要的原因是……我們對生活的意義和目的有著完全不同的理解。……我認為財產是罪惡的，而你認為那是生活的必然條件。為了不離棄你，我在生活方式上只好屈從於對我來說是非常難以忍受的生活條件，而你卻把這看做是我對你的觀點的認同。因此，我們之間的誤會越來越多。

　　第四，如果我和切爾特科夫的關係讓你感到難過，那麼我準備不和他見面。

　　第五，如果你不接受我這些為建立良好安寧生活所必需的條件，那我就收回我不離開你的諾言。我要離開這裡……因為我無法再這樣生活下去。

　　七月二十二日，托爾斯泰在距離亞斯納亞·波利亞納三俄里的格魯

蒙特樹林中，祕密立下了一份具有法律效力的遺囑。根據這份遺囑，托爾斯泰全部著作的繼承人是他的小女兒薩沙。如果薩沙去世了，就由長女塔基亞娜繼承。她們將執行托爾斯泰的遺願，不將這些著作變成私有財產，它們的版權歸全民所有；托爾斯泰的全部手稿繼承人是切爾特科夫，他將負責在托爾斯泰去世後審閱這些手稿，並酌情出版，但不能抱有個人的物質目的。

　　托爾斯泰在這份遺囑上簽了名，證人特爾等為澤爾、謝爾蓋延科等也簽了字。不過，這份祕密立下的遺囑卻為後來更大的風波埋下了伏筆。

（三）

儘管托爾斯泰的遺囑是祕密立下的，但索尼婭還是很快就知道了。她認為，交出文學遺產只會肥了那些出版社，而他們一家人將陷入貧困的境地。為此，索尼婭開始與托爾斯泰無休止的爭吵，還請來神父為驅逐切爾特科夫的幽靈而祈禱。

托爾斯泰的生活再次失去了平靜，這令他在精神和肉體上都痛苦到了極點。而與此同時，女兒薩沙和切爾特科夫還在鼓勵他與索尼婭繼續鬥爭。托爾斯泰不願意這樣做，他被這一切弄得筋疲力盡，感到自己已經被「撕成了兩半」。

大女兒塔基亞娜心疼父親，便極力想緩和這種局面。她認為，既然母親怨恨的主要原因與切爾特科夫有關，那麼托爾斯泰若能與切爾特科夫分開一段時間，氣氛也許就能緩和下來。於是，她寫信給切爾特科夫暗示了這一想法，但切爾特科夫拒絕接受這一建議。

八月中旬，托爾斯泰乘火車到塔基亞娜的莊園中住了一個多月，過了一段相對平靜的生活。九月下旬，他返回亞斯納亞·波利亞納莊園。

九月二十三日，是托爾斯泰與索尼婭結婚四十八周年的紀念日，兩人合影留念。然而，這件事卻引起了小女兒薩沙的不滿，認為這是父親向母親作出的讓步。同時托爾斯泰也發現，他藏在靴筒裡的那本從七月底開始另記的私人日記不見了，顯然這是索尼婭所為。

十月初，緊張而不得安寧的生活令托爾斯泰突然病倒，並昏厥過

去。雖然第二天病情有所好轉，但身體仍很虛弱。然而，家庭的爭吵仍在繼續，這個局面讓病痛中的托爾斯泰更加難以忍受。

十月二十四日，托爾斯泰寫信給圖拉省波洛夫科沃村的農民諾維科夫，請求他為自己尋找「一個哪怕最小，但卻是單獨的、暖和的小農舍」，因為他「可能在很短一段時間內要到那裡住一住」。

十月二十六日，托爾斯泰又到自己的忠實信徒施密特老太太那裡去了一趟，大概是與她告別的。在這一天的日記中，他寫道：

「一切如常，只是愈來愈感到內疚和需要採取行動。」

直到這時，托爾斯泰對妻子的憐憫仍讓他下定不了出走的決心。

十月二十七日晚上十二點半左右，托爾斯泰在讀完書後走進臥室休息。迷迷糊糊睡了兩個小時，托爾斯泰忽然聽到書房裡有躡手躡腳的開門聲和腳步聲。

托爾斯泰悄悄起身，透過門縫，看到書房裡有燈光，妻子索尼婭正在裡面沙沙翻檢著紙張。托爾斯泰知道，索尼婭在找他的遺囑。

過了一陣，索尼婭悄悄離開了托爾斯泰的書房。然而，托爾斯泰卻對妻子的這種做法產生了無法抑制的「憎恨和憤怒」。他在床上翻來覆去一個多小時都無法入睡，便點起蠟燭，坐了起來。

這時，索尼婭推門進來了，若無其事地問托爾斯泰起身的原因和身體狀況，然後離開了。憤怒越來越強烈控制了托爾斯泰，他終於做出了出走的最後決定，並寫了這樣一封信給索尼婭：

我的出走定會使你傷心，為此我感到遺憾。不過，請你理解我、

俄羅斯文壇巨星
崇尚愛與和平的托爾斯泰

相信我，我沒有其他的辦法。我在家裡的處境正在變得，其實已經變得無法忍受了。除了其他原因，我無法繼續生活在曾經生活過的奢侈環境中，我所採取的是像我這樣年紀的人通常都會採取的行動——離開塵世生活，在孤寂中度過餘生。

請你理解這一點，即使得知我在哪裡也別來找我。你的到來只會惡化你和我的處境，但不會改變我的決定。

感謝你和我在一起度過的四十八年的忠誠生活，並請原諒我做的一切對不起你的事情，就像我也由衷原諒你可能對不起我的一切地方一樣……

寫完信後，托爾斯泰輕輕走下樓梯，敲開醫生馬科維茨基的門，又叫醒了女兒薩沙。他們匆忙收拾了一些必需的衣物、書籍和手稿，既想快點收拾，又擔心驚醒索尼婭後走不成，以致緊張的手都發抖了。

此時已經是十一月二十八日凌晨五點了，托爾斯泰走出房間，去馬房叫醒人套車。外面一片漆黑，正下著小雨，涼氣襲人。在去找馬車夫的途中，托爾斯泰還迷了路，撞到一棵樹上，帽子也弄丟了。他只好返回家中，又戴上一頂帽子，與醫生馬科維茨基一起出門去找馬車夫。車夫起來後，立即套上了雙馬的四輪輕便馬車。

終於，一切準備就緒了，托爾斯泰與馬科維茨基醫生一起登上馬車，馬車很快便駛出了亞斯納亞·波利亞納莊園。這時，托爾斯泰才放鬆下來，覺得自己安全了，索尼婭再也追不上他了。他高興的對醫生說，他覺得非常舒服。很快，托爾斯泰就在馬車裡睡著了。

第二十章 出走與離世
（三）

　　到了戈爾巴切夫車站後，托爾斯泰與馬科維茨基又乘坐火車，晚上八點來到了奧普京修道院。

（四）

托爾斯泰離開的時候，索尼婭還在睡夢中。由於前一天晚上睡得很晚，她一直睡到上午十一點才起床。而此時，托爾斯泰離家出走的消息幾乎傳遍了全家。她接過薩沙遞過來的托爾斯泰留下的信，氣得渾身顫抖。沒等讀完，她就扔下信衝出門外，直奔池塘並跳入水中，幸虧人們及時將她救了上來。

十月二十九日一早，謝爾蓋延科來到奧普京修道院的客棧，向托爾斯泰彙報了他妻子的情況，托爾斯泰的心情很沉重。但在這種情況下，他仍然堅持工作，並口授了最後一篇論文《有效的手段》，還擬定了四個文學題材，打算將「非常想寫的文學作品寫出來」。

十月三十日，小女兒薩沙來到奧普京修道院，見到托爾斯泰，並帶來了索尼婭等人勸他回家的一疊信件，並說家裡人很可能隨時都來到這裡。

當晚，托爾斯泰給妻子寫了一封回信，這也是他給妻子的最後一封信。在信中，托爾斯泰再次闡明了他不回去的原因。

十月三十一日凌晨四點，托爾斯泰又匆匆騎馬出發了。早晨七點多，他坐上了開往南方的火車。當時他的去向還不明確，準備先到諾沃奇卡斯柯城的一個朋友家後再作打算。

在火車上，托爾斯泰感到身體不適。幾天來的情緒激動、勞累和奔波，讓這位八十二歲老人的健康受到了極大的影響。

下午四點多，托爾斯泰開始渾身發冷，並伴有高燒。晚上六點左右，火車停在梁贊省的一個偏僻小站阿斯塔波沃，托爾斯泰一行不得不中途下車。站長奧佐林立即讓出家裡的兩間住房，讓托爾斯泰安頓下來。

看到隨行小女兒薩沙的憂鬱表情，托爾斯泰半開玩笑安慰她說：

「好啦，這下將死了……別煩惱。」

經過醫生的診斷，托爾斯泰患上了肺炎。

作家出走並患病的消息很快就傳開了，小小的阿斯塔波沃車站成為俄國和全世界各國成千上萬進步人士注目的中心，各行各業的人們和許多記者都跑來車站，許多大學生也來到這裡探望托爾斯泰。

十一月一日，托爾斯泰給長子謝爾蓋和長女塔吉亞娜寫了最後一封信。信中寫道：

「我近四十年來所獻身的那個事業……對所有的人，其中包括你們，都是極端重要的。感謝你們對我這樣好。……別了，要好好安慰母親。對她，我懷著最真誠的同情和愛。」

次日，托爾斯泰的病情開始惡化，薩沙給大哥謝爾蓋拍了電報，要求他和姐姐塔基亞娜火速趕來；並表示，父親很擔心其他人來。

十一月三日，在報紙上得知托爾斯泰的確切情況後，索尼婭和幾個子女都趕到了阿斯塔波沃。為了避免托爾斯泰激動，醫生建議只讓謝爾蓋和塔基亞娜去見他。

托爾斯泰又見到了兩個孩子，很高興，他一再詢問妻子索尼婭的

情況。等在外面的索尼婭憂心如焚，但她只能一連幾個小時站在托爾斯泰臥病的那棟小房子的窗外守望。

從那天夜裡，托爾斯泰就進入了昏迷狀態。

十一月六日晚，托爾斯泰突然精神振奮起來，並坐起來。彌留之際，他將兒子謝爾蓋叫道跟前，用微弱的聲音說出最後幾句話：

「謝爾蓋，我愛真理……非常……愛真理。」

七日凌晨五點，索尼婭被允許進去看望已失去知覺的托爾斯泰。她俯身向丈夫作別，並溫存請他原諒自己。然而，托爾斯泰能夠回答她的，只有幾聲長嘆。

一九一〇年十一月七日清晨六點零五分，一代文豪托爾斯泰在梁贊省一個三等小站站長的一間小屋子裡，在那個成為他臨時避難所的小屋子裡，安詳、寧靜走完了自己的一生。

十一月九日清晨，托爾斯泰的靈柩被運回亞斯納亞·波利亞納。當天下午，遵照托爾斯泰的意願，他被安葬在札卡斯峽谷的那片橡樹林中。這裡是托爾斯泰兄弟兒時玩耍過的地方，大哥尼古拉曾在那裡埋下了一根小綠棍，上面寫著托爾斯泰整整一生都在探索和試圖揭開的祕密……

托爾斯泰生平大事年表

一八二八年八月二十八日　列夫·尼古拉耶維奇·托爾斯泰出生於俄國莫斯科的亞斯納亞·波利亞納莊園內。

一八三〇年　母親瑪莉亞·尼古拉耶夫娜去世。

一八三六年　托爾斯泰全家從波利亞納遷往莫斯科。

一八三七年六月二十一日，父親尼古拉突然發病去世。

一八四〇年　監護人阿玲姑媽去世，遷往喀山的新監護人比拉蓋亞姑媽處。

一八四四年　被錄取為喀山大學東方語言系學生。

一八四五年　轉到喀山大學法律系。

一八四七年　主動要求退學，返回亞斯納亞·波利亞納莊園，在自己領地上作改革農奴制的嘗試。

一八四八年　住在莫斯科，過著懶散的生活。

一八四九年　住在彼得堡，參加了法學候補學位考試。

一八五一年　與長兄尼古拉一起前往高加索軍隊服役，並開始《童年》的構思。

一八五二年　小說《童年》發表。

一八五四年　加入駐布拉勒斯特的軍隊，參加克里米亞戰爭。小說《少年》發表。

一八五五年　回到彼得堡，與屠格涅夫、涅克拉索等人相識。

俄羅斯文壇巨星
崇尚愛與和平的托爾斯泰

一八五六年　《兩個驃騎兵》、《一個地主的早晨》發表。

一八五七年　中篇小說《青年》發表。短篇小說《琉森》發表。第一次出國遊歷。

一八五八年　《阿爾貝特》發表。

一八五九年　《三死》、《家庭幸福》等作品發表。冬季，在亞斯納亞·波利亞納創辦農民學校。

一八六〇年　第二次出國遊歷。

一八六一年　回到彼得堡，被任命為克拉皮文縣「和平調解人」。

一八六二年　與索尼婭·貝爾斯結婚。

一八六三年　中篇小說《哥薩克》發表。長子謝爾蓋出生。開始創作《戰爭與和平》。

一八六四年　長女塔基亞娜出生。

一八六五年　《戰爭與和平》第一部發表。

一八六六年　次子伊利亞出生。《戰爭與和平》第二部發表。

一八六七年　《戰爭與和平》前三卷出版。

一八六九年　三子列夫出生。《戰爭與和平》竣稿。

一八七〇年　《安娜·卡列尼娜》構思產生。

一八七一年　次女瑪莎出生。

一八七二年　兒子彼得出生。

一八七三年　開始創作《安娜·卡列尼娜》。小兒子彼得病逝。

一八七五年　《安娜·卡列尼娜》前幾部發表。

一八七七年　《安娜·卡列尼娜》最後一部以單行本方式發表。

一八七八年　開始寫《懺悔錄》。

一八八一年　全家遷居莫斯科。

第二十章 出走與離世
（四）

一八八三年　將全部財產權移交給妻子索尼婭。

一八八四年　成立媒介出版社。

一八八五年　成為素食主義者，並放棄打獵和煙酒。

一八八六年　完成《黑暗的勢力》。

一八八九年　完成《克羅采奏鳴曲》。

一八九一年　放棄一八八一年以後所寫作品的版權。前往災區賑災。

一八九三年　完成《天國在你們心中》。

一八九五年　完成《主人與僕人》。

一八九八年　開始創作《復活》。

一八九九年　《復活》陸續刊出。

一九〇〇年　創作了劇本《活屍》。

一九〇一年　被革除教籍。患病，前往克里米亞療養。

一九〇三年　寫完《舞會之後》。

一九〇六年　次女瑪莎病逝。

一九一〇年　立下遺囑，出走。十一月七日，托爾斯泰在阿斯特波波車站病逝，享年八十二歲。

官網

國家圖書館出版品預行編目資料

俄羅斯文壇巨星：崇尚愛與和平的托爾斯泰 /
林真如著 . -- 第一版 . -- 臺北市：崧燁文化，
2020.09
　　面；　　公分
POD 版
ISBN 978-986-516-461-4(平裝)
1. 托 爾 斯 泰 (Tolstoy, Leo, graf, 1828-1910)
2. 傳記
784.88　　109012652

俄羅斯文壇巨星：崇尚愛與和平的托爾斯泰

臉書

作　　　者：林真如　著
發 行 人：黃振庭
出　版　者：崧燁文化事業有限公司
發　行　者：崧燁文化事業有限公司
E - m a i l：sonbookservice@gmail.com
粉 絲 頁：https://www.facebook.com/sonbookss/
網　　　址：https://sonbook.net/
地　　　址：台北市中正區重慶南路一段六十一號八樓 815 室
Rm. 815, 8F., No.61, Sec. 1, Chongqing S. Rd., Zhongzheng Dist., Taipei City 100,
Taiwan (R.O.C)
電　　　話：(02)2370-3310　　　傳　　　真：(02) 2388-1990
總 經 銷：紅螞蟻圖書有限公司
地　　　址：台北市內湖區舊宗路二段 121 巷 19 號
電　　　話：02-2795-3656　　　傳　　　真：02-2795-4100
印　　　刷：京峯彩色印刷有限公司（京峰數位）

定　　　價：330 元
發行日期：2020 年 9 月第一版
◎本書以 POD 印製